Andrea Erkert · Nadine Bougie

REIMEN, SPRINGEN, SILBEN SCHWINGEN

SPRACHFÖRDERUNG DURCH BEWEGUNG IN DER KITA

Kaufmann

DIE AUTORIN

Andrea Erkert hat sich als Autorin spielpädagogischer Bücher längst einen Namen gemacht. Die Erzieherin, Entspannungspädagogin und Fachlehrerin einer Grundschulförderklasse veröffentlichte bereits zahlreiche Bücher für den Krippen-, Kita-, Hort-, Grundschul- und Seniorenbereich. Sie führt Elternabende durch und leitet Fortbildungen zu unterschiedlichen pädagogischen Themen im In- und Ausland. Wichtig ist ihr, den Erzieher*innen und Lehrer*innen verschiedene Wege aufzuzeigen, wie sie jederzeit und ohne viel Zutun die Kinder in der Gruppe oder Klasse ganzheitlich fordern und fördern können. Bei Kaufmann sind von ihr die folgenden Bücher erschienen:

Psst, manchmal ist auch leise schön!
Ruhemomente im Kindergarten schaffen

Spiel- und Lernideen für Vorschulkinder
Ganzheitlich Grundkompetenzen stärken

Tschüss, Ärger, Zorn und Wut
Spielerisch mit Wut und anderen negativen Emotionen umgehen lernen

Wir bleiben cool!
Spielerisch innere und äußere Störreize ausblenden und sich selbst regulieren lernen

Wir in Bewegung
Kooperative Bewegungs- und Geschicklichkeitsspiele im Kindergarten

Anfragen für ganz- oder halbtägige Fortbildungen und Elternabende richten Sie bitte an:

E-Mail: andrea.erkert@icloud.com

Bibliografische Information der Deutschen Bibliothek
Die Deutsche Bibliothek verzeichnet diese Publikation in der Deutschen Nationalbibliografie; detaillierte bibliografische Daten sind im Internet über http://dnb.ddb.de abrufbar.

1. Auflage 2024

www.kaufmann-verlag.de

Texte: Andrea Erkert
Illustrationen: Nadine Bougie
Druck und Bindung: ADverts Printing House

ISBN 978-3-7806-5218-8

INHALT

WIR SPRECHEN LANGSAM & DEUTLICH 73

WIR MACHEN EINE WORTREISE 85

VORWORT

Sprachförderung kann überall dort stattfinden, wo Kinder aufeinandertreffen. Eingebettet in das gemeinsame Spiel, den Morgenkreis, gemeinschaftliches Kochen, Toben oder Malen – jede Kommunikation zwischen Ihnen und Ihren Kindern oder zwischen den Kindern selbst hilft, den Wortschatz zu erweitern, die auditive Wahrnehmung zu stärken, Laute und Silben wahrzunehmen und so die sprachliche Entwicklung im Alltag zu fördern.
Ob für die Kleinsten, Vorschulkinder oder auch Kinder mit Deutsch als Zweitsprache, dieses Buch bietet einen originellen Sammelschatz mit Spielideen für den Ausbau der Sprachfähigkeiten an, die Sie bei Ihrer Arbeit unterstützen können.

Neben dem aktiven Sprechen spielt selbstverständlich auch Körpersprache eine wichtige Rolle für die aktive Kommunikation. Die nonverbalen Äußerungen der Gestik, Mimik, Bewegung und Körperhaltung können bewusst oder unbewusst eingesetzt werden, müssen aber zunächst erst einmal verstanden und daher auch erlernt werden. Lustige kleine Aktionen und Spiele können dieses Verständnis fördern.

Besonders nachhaltig ist die Sprachförderung, wenn sie mit Bewegung verbunden wird. Kinder wollen sich bewegen, wann und wo immer sie können. Dieser Bewegungs- und damit häufig auch verbundene Entdeckungsdrang hinsichtlich ihrer Umwelt kann ein zentrales Element bei der Sprachförderung sein. In Verbindung mit Bewegung wird Sprache nicht nur spielerisch empfunden, die Kinder lernen zudem, sich mit ihrer Umwelt und ihrem Körper zu beschäftigen und sich mit sich selbst auseinanderzusetzen.
Indem die Kinder hüpfen, klatschen und springen werden zudem Koordination, Beweglichkeit, Konzentration, Ausdauer und Wahrnehmung geschult.

Nicht zuletzt sind Sie als Erzieher*in sprachliches Vorbild. Aus diesem Grund sollten Sie stets auf eine deutliche Artikulation achten und Ihre Aussagen nach Möglichkeit durch handlungsorientiertes Sprechen begleiten.

ZUM AUFBAU DES BUCHES

Es gibt insgesamt **sieben Kapitel**, die allesamt einleitende Hinweise für die Kita-Praxis enthalten.

Die Spielideen der nachfolgenden Kapitel können Sie je nach Bedarf für Ihre Gruppe auswählen. Die Altersangaben geben Ihnen hierzu ein wenig Unterstützung.

Los geht es mit **Bewegungs- und Sprachspielen für den Morgenkreis** zum Fit- und Munterwerden, die für einen guten Start in den neuen Tag in der Kita sorgen und das Begrüßen und Kennenlernen untereinander erleichtern.

Danach folgen **lustige Spielideen zur Förderung der Mund- und Zungenmotorik** sowie der Atmung, die wichtig und hilfreich für eine gute und deutliche Artikulation sind.

„Auf der Spur von Klängen und Geräuschen" befinden Sie und Ihre Kinder sich im dritten Kapitel. Die Kinder werden dabei zum genauen **Hinhören, Differenzieren und Richtungshören** eingeladen.

Im Anschluss geht es mit **Bewegungsfreude, bewusstem Sprechen und korrekter Aussprache** weiter. Die Kinder machen mit altbekannten und neuen Reimen weiterführende Kontakte mit Sprache und ihren verspielten und lustigen Möglichkeiten, die vor allem auch die Sprechfreude fördern.

Schwungvoll geht es im fünften Kapitel zu. Den **Rhythmus von Sprache mit dem ganzen Körper zu erleben** und Silben aktiv zu entdecken ist das zentrale Thema hier. Sich aktiv mit Wortstrukturen zu befassen wird den Kindern auch später beim Lesen- und Schreibenlernen das Leben ein wenig leichter machen.

Im „Schneckentempo" geht es zum Teil im sechsten Kapitel weiter. Spielerisch Selbst- und Mitlaute kennenlernen sowie **An- und Endlaute aus Wörtern herauszuhören** und dabei genau auf Mund, Lippen, Zähne, Zunge und ihre Stellung zu achten steht im Mittelpunkt.

Das siebte und letzte Kapitel schickt die Kinder auf eine kleine Wortreise. Die abwechslungsreichen Spiel- und Bewegungsideen unterstützen dabei, den **Wortschatz aufzubauen und zu erweitern.** Voller Freude können die Kinder so ganz nebenbei auch ihre Grammatikkenntnisse verbessern.

KAPITEL 1

HERZLICH WILLKOMMEN IM MORGENKREIS

Miteinander in Bewegung kommen und sprechen

Der Morgenkreis als täglich wiederkehrendes Ritual gibt den Kindern Orientierung, Sicherheit und Halt im Kita-Alltag. Hier können sich die Kinder als Gruppe wahrnehmen und auf spielerische Weise miteinander in Kontakt treten. Gleichzeitig gibt der Morgenkreis ihnen auch die Möglichkeit, aktiv am Geschehen teilzunehmen und in Bewegung zu kommen.

Im ersten Kapitel finden Sie jede Menge bewegungsintensive Kreisspiele, bei denen die Kinder bereits am frühen Vormittag in Schwung kommen, sodass sie viel leichter unbefangen aufeinander zugehen, sich gegenseitig begrüßen und miteinander kommunizieren können, was die Grundlage für die Sprachförderung ist.

AUF GEHT'S MIT SCHWUNG

STUHLKREISSPIEL

Alter **ab 4 Jahren**

Stellen Sie im Morgenkreis zwei Stühle weniger auf, als Kinder da sind.
Auf Ihr Kommando hin hüpfen alle Kinder vergnügt im Innenkreis herum, und zwar so lange, bis Sie laut sagen:

„Ruckzuck in den Morgenkreis!"

Daraufhin sollen sich alle Kinder einen freien Stuhl suchen. Die beiden Kinder, die keinen Sitzplatz finden konnten, dürfen im Innenkreis aufeinander zugehen und sich gegenseitig per Handschlag begrüßen.
Danach verteilen sich wieder alle Kinder im Innenkreis, um von dort aus eine neue Spielrunde zu starten.

GLOCKENWACH

STUHLKREISSPIEL

Alter **ab 3 Jahren**

Dazu brauchen Sie **1 Handglocke**

Holen Sie sich eine Handglocke und setzen Sie sich zu den Kindern in den Stuhlkreis. Bitten Sie die Kinder, ihre Augen zu schließen. Sobald es im Kreis mucksmäuschenstill ist, wenden Sie sich demjenigen Kind zu, das links neben Ihnen im Kreis sitzt. Danach lassen Sie die Glocke leise vor dem Kind erklingen und sagen „Guten Morgen!". Das betreffende Kind kann nun die Augen öffnen, falls das noch nicht geschehen ist. Das Kind reckt und streckt sich und erhält schließlich von Ihnen die Glocke, damit es sein linkes Nachbarskind auf ebendiese Weise wecken kann.
Das Spiel mit dem Glockenklang ist beendet, sobald Sie wieder die Glocke in den Händen halten. Danach lassen Sie die Glocke laut erklingen und sagen den folgenden Spruch:

„Sind alle wach im Morgenkreis,
starten wir vergnügt, wie jeder weiß!"

HURRA, WIR SIND DA!

STUHLKREISSPIEL

Alter ab 3 Jahren

Dazu brauchen Sie 1 Handtrommel

Finden Sie sich mit den Kindern in einem Stuhlkreis zusammen. Ein Kind, das gerne möchte, erhält von Ihnen eine Handtrommel. Das Kind sagt dann Folgendes:

„Hallo, ich bin da!“

Ist der Satz beendet, trommelt es einmal laut und springt dann auf.
Danach übergibt es die Trommel an sein linkes Nachbarskind. Dieses Kind tut es ihm gleich, indem es den Satz sagt, trommelt und aufspringt.
Das geht immer so weiter, bis alle Kinder an der Reihe waren und zusammen im Kreis stehen.
Daraufhin nehmen Sie die Trommel und sagen laut:

„Hurra, Hurra, es sind heute … *(Anzahl der Kinder nennen)* Kinder da!“

Dabei machen Sie zu jeder Silbe einen Trommelschlag. Parallel dazu können die Kinder in die Luft springen.

MORGENGLOCKE

STUHLKREISSPIEL

Alter ab 3 Jahren

Dazu brauchen Sie 1 Handglocke

Alle Kinder sitzen zusammen im Kreis und tun so, als ob sie schlafen würden. Währenddessen holen Sie sich eine Handglocke, mit der Sie sich leise in die Kreismitte begeben. Dort angekommen läuten Sie die Glocke und sagen schließlich laut:

„Hört ihr den Klang der Morgenglocke im Kreis,
müsst ihr aufwachen, wie jeder von euch weiß.
Wir recken und strecken uns ausgiebig dann.
Fit und munter – so fangen wir gerne an!"

Nun dürfen die Kinder ihre Arme ausgiebig recken und strecken, bevor sie aufspringen und auf der Stelle joggen. Im Anschluss daran wünschen Sie allen einen guten Start in den neuen Tag.

MORGENLAUFTREFF

STUHLKREISSPIEL

Alter ab 5 Jahren

Dazu brauchen Sie Tanzmusik

Stellen Sie im Stuhlkreis einen Stuhl weniger auf, als Kinder da sind, und finden Sie sich mit den Kindern dort zusammen.
Sobald Sie die Musik anschalten, läuft das „stuhllose" Kind im Slalom um die Kinder im Stuhlkreis herum, die im Takt der Musik klatschen. Wenn Sie die Musik stoppen, bleibt das Kind stehen und wendet sich demjenigen Kind zu, das ihm am nächsten ist bzw. dessen Stuhl es gerade umrundet. Die beiden Kinder begrüßen sich gegenseitig und tauschen die Plätze. Das neue Kind läuft dann ebenfalls im Slalom um die sitzenden Kinder im Morgenkreis herum, sobald Sie die Musik wieder anschalten.
Das Spiel kann so lange weitergeführt werden, bis alle Kinder zumindest einmal ein anderes begrüßen konnten.

SCHLI-SCHLA-SCHLANGE

STUHLKREISSPIEL

Alter **ab 4 Jahren**

Finden Sie sich mit den Kindern in einem Stuhlkreis zusammen. Die Kinder stellen sich hintereinander im Innenkreis auf, legen die Hände auf die Schultern des vor ihnen stehenden Kindes und bilden so eine große Schlange. Während nun alle links entlang der Stühle gehen, sagen Sie zusammen mit den Kindern folgenden Spruch:

„Schli-Schla-Schlange,
das erste Kind darf nun gehen.
Guten Morgen und auf Wiedersehen!"

Nun darf sich das vorderste Kind der Schlange in den Stuhlkreis setzen. Die anderen gehen weiter und wiederholen den Spruch, um nun den „Schlangenkopf" zum Hinsetzen aufzufordern.
Das Spiel ist aus, wenn alle Kinder zusammen im Stuhlkreis sitzen.

SCHÖN, DASS DU HIER BIST

STUHLKREISSPIEL

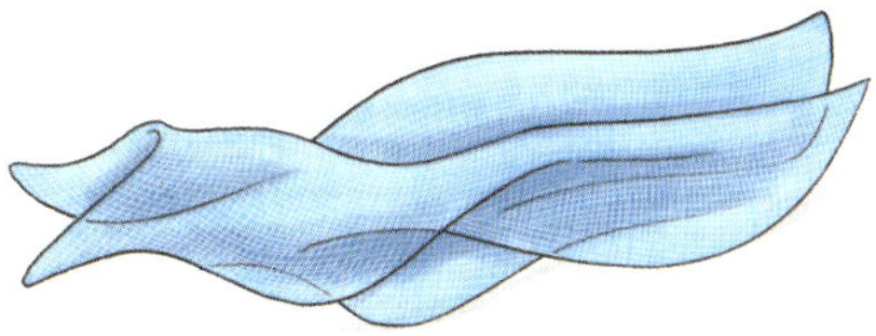

Alter **ab 5 Jahren**
Dazu brauchen Sie **1 Chiffontuch für jedes Kind, Tanzmusik**

Die Kinder finden sich in einem Stuhlkreis zusammen. Geben Sie jedem Kind bis auf eines ein Chiffontuch und schalten Sie die Tanzmusik ein.
Die Tücher wandern nun so lange von Hand zu Hand im Uhrzeigersinn herum, bis Sie die Musik stoppen. Nun winken alle Kinder mit ihren Tüchern dem „tuchlosen" Kind zu, das dafür extra aufsteht. Dabei sagen die Kinder, die mit ihren Tüchern winken, laut:

„Hallo, … *(Vorname des Kindes einsetzen)*! Schön, dass du hier bist!"

Im Anschluss daran setzt sich das Kind wieder auf seinen Platz. Während Sie nun erneut die Musik einschalten, wandern die Tücher so lange wieder von Hand zu Hand im Kreis herum, bis Sie abermals die Musik stoppen.
Auf diese Weise geht es weiter, bis alle Kinder von den anderen begrüßt werden konnten.

SEIFENBLASENSPASS

STUHLKREISSPIEL

Alter ab 4 Jahren

Dazu brauchen Sie 1 langer Seifenblasenstab

Die Kinder finden sich im Stuhlkreis zusammen. Eines der Kinder setzt sich jedoch nicht, sondern erhält von Ihnen einen Seifenblasenstab, mit dem es Jumbo-Seifenblasen pusten darf. Bevor es pustet, sagt das Kind jedoch Folgendes:

„Guten Morgen, liebe Leute. … *(drei Kinder namentlich aufrufen)*, sind dran heute!“

Diejenigen Kinder, die von dem Kind in der Mitte benannt wurden, dürfen aufstehen und in den Innenkreis springen, um die Jumbo-Seifenblasen, die das Kind nun voller Freude pustet, mit den Fingern zum Platzen zu bringen.

HINWEIS Dieses lustige Begrüßungsspiel kann übrigens auch zur Förderung der Mundmotorik eingesetzt werden.

SO FANGE ICH HEUTE AN

STUHLKREISSPIEL

Alter ab 3 Jahren

Finden Sie sich mit den Kindern im Stuhlkreis zusammen.
Ein beliebiges oder von Ihnen benanntes Kind fängt an und sagt:

„So fange ich heute an. *(das Kind klatscht z. B. viermal in die Hände)*
Danach bist du dran."

Jetzt darf sein linkes Nachbarskind den Spruch wiederholen. Dabei kann es zweimal auf den Boden stampfen oder aufspringen und sich wieder hinsetzen.
Auf diese Weise kommen die Kinder der Reihe nach dran und überlegen sich jeweils eine andere Bewegung.

WIR FANGEN LEISE AN

STUHLKREISSPIEL

Alter ab 4 Jahren

Alle Kinder knien sich außerhalb und am besten nicht zu weit entfernt vom Stuhlkreis auf den Boden und warten darauf, wen Sie namentlich aufrufen werden. Sie sagen nun leise:

„Guten Morgen … *(Vornamen des betreffenden Kindes nennen)*,
du darfst in den Kreis.
Aber nicht laut,
sondern ganz leis'!"

Daraufhin kann das ausgewählte Kind z. B. ganz leise auf allen Vieren in Richtung eines Stuhls krabbeln. Sobald das Kind auf einem Stuhl sitzt, rufen Sie auf die gleiche Weise ein anderes Kind im Außenkreis auf. Dieses kann nun auf Zehenspitzen gehen, über den Boden gleiten oder Ähnliches, um möglichst leise einen freien Stuhl zu erreichen.
Das Spiel ist zu Ende, wenn alle Kinder im Stuhlkreis sitzen.

BEWEGT IN DEN TAG

KREISSPIEL

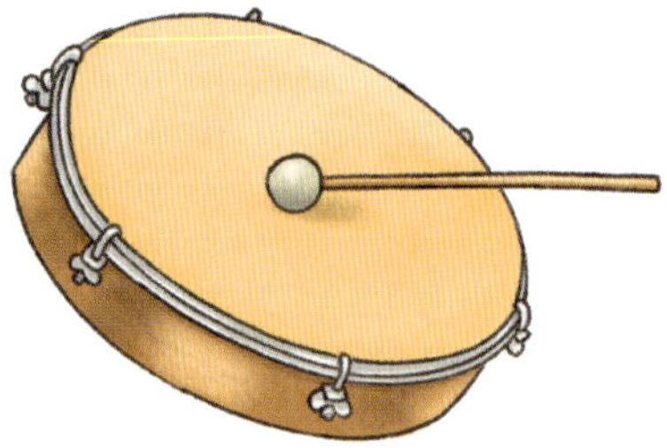

Alter ab 3 Jahren

Dazu brauchen Sie 1 Handtrommel

Finden Sie sich mit den Kindern in einem großzügigen Stehkreis zusammen. Sagen Sie laut:

„Guten Morgen! Wir starten in den Tag.
Hüpfen oder laufen? So wie jeder es mag!"

Daraufhin dürfen die Kinder mit geschlossenen Beinen auf der Stelle hüpfen, Luftsprünge machen oder einfach auf dem Platz joggen. Der Fantasie sind dabei keine Grenzen gesetzt. Kurz darauf lassen Sie die Trommel erklingen und sagen schließlich laut:

„Es war viel los mitunter,
wir sind nun mehr als munter."

BEWEGTER MORGENSTART

KREISSPIEL

Alter ab 3 Jahren

Dazu brauchen Sie Tanzmusik

Finden Sie sich mit den Kindern in einem nicht zu engen Stehkreis zusammen. Ein beliebiges Kind sagt Folgendes:

„Guten Morgen, liebe Leute.
So starte ich im Kreis heute!"

Während Sie nun die Musik anschalten, kann das Kind z. B. mit beiden Beinen im Takt auf der Stelle hüpfen. Die übrigen Kinder ahmen die Bewegung sofort nach. Das geht nur so lange, bis Sie die Musik wieder ausschalten. Nun darf das Kind ein anderes namentlich aufrufen, das den Spruch wiederholt. Danach kann das ausgewählte Kind, sobald Sie die Musik wieder erklingen lassen, so wie ein Hampelmann springen oder einfach auf der Stelle joggen. Dabei machen die übrigen Kinder wieder eifrig mit.
Auf diese Weise können noch ein paar Durchgänge zum Fit- und Munterwerden erfolgen.

BONJOUR UND HELLO

KREISSPIEL

Alter ab 4 Jahren

Dazu brauchen Sie 1 Handtrommel

Die Kinder bilden einen Innen- und Außenkreis, und zwar so, dass sich immer zwei Kinder gegenüberstehen.
Nehmen Sie nun die Handtrommel und begrüßen Sie die Kinder. Sagen Sie z. B. „Bonjour!" und trommeln dabei zu jeder Silbe. Die Kinder wiederholen das Wort und klatschen sich dabei zu jeder Silbe mit beiden Händen gegenseitig ab.
Im Anschluss daran gehen alle Kinder im Außenkreis einen Schritt nach links und bilden so neue Paare mit den Kindern im Innenkreis. Wählen Sie ein anderes Wort zur Begrüßung und trommeln Sie wieder zu jeder Silbe. Daraufhin wiederholen alle Kinder das Wort und klatschen ihr Partnerkind bei jeder Silbe mit beiden Händen ab.
So geht es immer weiter, bis jedes Kind wieder auf seinem Ausgangsplatz steht.

Weitere Beispiele:
Spanisch: Hola
Italienisch: Ciao
Portugiesisch: Olá
Türkisch: Merhaba
Rumänisch: Buna ziua
Dänisch: Hej

ELEFANTENRÜSSEL

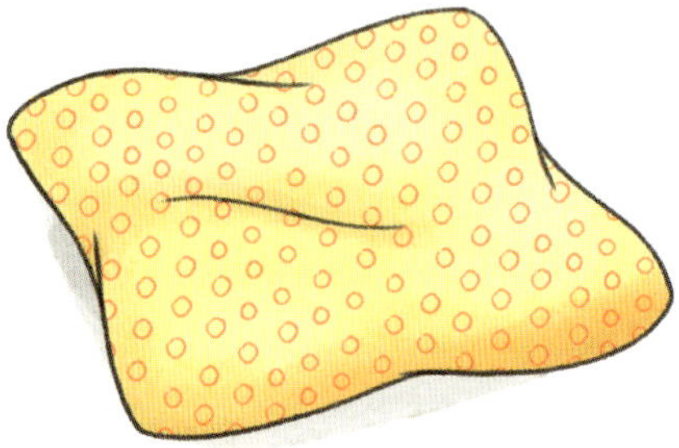

KREISSPIEL

Alter ab 3 Jahren

Alle Kinder bis auf eines finden sich in einem Sitzkreis zusammen.
Das ausgewählte Kind stellt nun einen Elefanten dar, indem es sich mit einer Hand an die Nase fasst. Der andere Arm wird als „Elefantenrüssel" durch die Armbeuge gesteckt. Während der „Elefant" nun auf ein beliebiges Kind zugeht, sagt er laut:

„Ich als Elefant begrüße dich,
grüßt du jetzt auch mich?"

Der „Elefant" bleibt stehen und streckt dem begrüßten Kind den „Rüssel" entgegen. Daraufhin reicht ihm das Kind die Hand. Nun tauschen beide Kinder ihre Plätze und ein neuer „Elefant" begrüßt im Innenkreis das nächste Kind.
Auf diese Weise geht es weiter, bis alle Kinder einmal der Elefant waren.

SONNIGER MORGENKREIS

KREISSPIEL

Alter ab 4 Jahren

Dazu brauchen Sie 1 Springseil für jedes Kind, 1 Triangel

Zu Beginn ordnen Sie die Springseile wie Sonnenstrahlen kreisförmig auf dem Boden an, sodass die Kinder nicht zu beengt vor jeweils einem Sonnenstrahl bzw. Seilende stehen können. Anschließend holen Sie sich eine Triangel und lassen sie einmal kurz erklingen. Begrüßen Sie währenddessen eines der Kinder mit Namen. Das betreffende Kind hebt das Seil auf, das direkt vor ihm auf dem Boden liegt. Danach lassen Sie erneut die Triangel erklingen, um ein weiteres Kind aufzurufen, das nun das Seil, das direkt vor ihm auf dem Boden liegt, aufheben darf.
Erst wenn alle Kinder ein Seil in den Händen halten, lösen die Kinder auf Ihre Bitte hin den Kreis auf. Die Seile legen sie nun zum Balancieren auf den Boden, formen eine Schnecke oder machen Seilspringen. Das ermöglicht Ihnen, mit den Kindern ins Gespräch zu kommen, indem Sie nachfragen, was sie gerade mit den Seilen tun.

EINE RUNDE SACHE

KREISSPIEL

Alter ab 5 Jahren

Dazu brauchen Sie 1 Softball, Tanzmusik

Die Kinder finden sich in einem Kreis zusammen, in dem sie sich nicht zu eng aufstellen. Ein Kind erhält von Ihnen einen Softball. Danach schalten Sie die Musik ein. Während das Kind einem anderen Kind den Ball zuwirft, klatschen alle übrigen Kinder im Takt der Musik. Konnte das ausgewählte Kind den Ball fangen, dann darf es ihn dem Nächsten zuwerfen. Dabei klatschen alle übrigen Kinder weiterhin im Takt der Musik.
Sobald Sie die Musik stoppen, darf dasjenige Kind, das den Ball gerade in den Händen hält, die Gruppe begrüßen und sich, falls die Kinder einander noch fremd sein sollten, auch namentlich vorstellen. Danach schalten Sie wieder die Musik ein.
Das Spiel geht so lange, bis jedes Kind die anderen begrüßen konnte.

WÜRFELN UND „GUTEN MORGEN!“ SAGEN

KREISSPIEL

Alter ab 4 Jahren

Dazu brauchen Sie 1 großer Schaumstoffwürfel

Eines der Kinder erhält von Ihnen einen großen Schaumstoffwürfel und würfelt. Je nach Augenzahl dürfen z. B. drei Kinder, die links neben dem Kind stehen, die anderen begrüßen, indem sie „Guten Morgen“ sagen und dabei bei jeder Silbe einmal mit geschlossenen Beinen auf der Stelle hüpfen. Danach erhält das letzte hüpfende Kind den großen Schaumstoffwürfel, um eine neue Spielrunde zu starten.
Sobald alle Kinder zumindest einmal „Guten Morgen!“ sagen und dabei bei jeder Silbe mit geschlossenen Beinen auf der Stelle hüpfen konnten, ist das Spiel beendet.

KAPITEL 2

WIR MACHEN KRÄFTIG WIND

Spiele zur Schulung der Mundmotorik und Atmung

Egal ob beim Essen, Schlucken oder beim Sprechen: Eine gute Mundmotorik ist ein wesentlicher Bestandteil unseres Alltags und somit auch relevant für die Sprachentwicklung. Mund- und Zungenmotorik als zentraler Faktor für das deutliche Sprechen stehen daher im Mittelpunkt dieses Kapitels. Jede Menge Spielideen zu ihrer Förderung warten auf Sie und Ihre Kinder. Spielerisch werden die Kinder dafür sensibilisiert, was beim Sprechen im Mund passiert. Darüber hinaus sollen die einfachen und effektiven Puste- und Ansaugspiele helfen, die eingeatmete Luft bewusst einzusetzen und somit die Atemkontrolle zu verbessern, die die Grundlage für eine gute Artikulation ist.

BITTE LÄCHELN

MUNDMOTORIKSPIEL

Alter **ab 3 Jahren**

Dazu brauchen Sie **alte Fotokamera, altes Handy o. Ä.**

Die Kinder bilden einen großen Kreis. Ein beliebiges Kind erhält von Ihnen eine alte Fotokamera und spielt einen Fotografen oder eine Fotografin. Das Kind geht mit der Kamera in der Hand auf ein anderes zu und sagt laut: „Bitte lächeln!" Das angesprochene Kind darf nun über beide Backen grinsen und das Kind mit der Kamera tut so, als würde es fotografieren. Danach übergibt das Kind seine Kamera an den „Fotografierten" und tauscht mit ihm den Platz.

Daraufhin darf das neue Kind im Innenkreis auf ein weiteres Kind zugehen. Auf diese Weise geht es immer weiter, bis alle Kinder zumindest einmal vor der Kamera ihr breitestes Grinsen zeigen konnten.

FISCHMUND

MUNDMOTORIKSPIEL

Alter **ab 4 Jahren**

Dazu brauchen Sie **1 Triangel, evtl. 4 Markierungskegel**

Die Kinder verteilen sich auf einem überschaubaren Spielfeld, das Sie zuvor mithilfe von vier Markierungskegeln kennzeichnen können. Während sie umherlaufen, spielen die Kinder nun Fische und machen dabei mit ihrem Armen Schwimmbewegungen, und zwar so lange, bis Sie die Triangel erklingen lassen. Daraufhin bleiben alle Kinder stehen und formen ihre Lippen zu einem spitzen Fischmund. Wer schafft es, diese Schnute so lange zu machen, bis der Klang der Triangel verklungen ist? Unabhängig davon dürfen anschließend wieder alle Fische weiterschwimmen, bis Sie erneut die Triangel erklingen lassen.

GÄHNEN WIE EIN AFFE

MUNDMOTORIKSPIEL

Alter ab 3 Jahren

Dazu brauchen Sie 1 Klangschale, evtl. 4 Markierungskegel

Die Kinder verteilen sich auf einem übersichtlichen Spielfeld, das Sie zuvor mithilfe von vier Markierungskegeln kennzeichnen können.
Auf Ihr Kommando hin dürfen die Kinder Affen darstellen, indem sie zweibeinig oder gar vierbeinig über das Spielfeld gehen und sich wie Affen benehmen. Erzählen Sie den Kindern nun, was die Affen den ganzen Tag so machen. Passend dazu können die Kinder z. B. so tun, als ob sie im Urwald toben, auf Bäume klettern, Bananen fressen oder einander entlausen.
Irgendwann teilen Sie den Kindern mit, dass die Sonne allmählich untergeht und alle Affen müde werden. Die Kinder bleiben stehen, ballen ihre Hände zu Fäusten, recken und strecken sich und gähnen dabei kräftig.
Im Anschluss daran setzen sich alle Kinder auf den Boden und tun so, als ob sie schlafen würden. Wenn die Sonne wieder aufgeht, schlagen Sie die Klangschale an.
Die Kinder ballen wieder ihre Hände zu Fäusten, recken und strecken sich erneut ausgiebig und fangen an zu gähnen.
Sind alle Affen bzw. Kinder fit und munter, ist das Spiel aus.

RATE MAL, WAS ICH GERADE MACHE

MUNDMOTORIKSPIEL

Alter **ab 5 Jahren**

Die Kinder sitzen zusammen im Stuhlkreis. Ein Kind stellt sich in die Kreismitte und bekommt von Ihnen etwas ins Ohr geflüstert, das es darstellen soll, um die Mundmotorik zu trainieren. Das kann etwas sein wie spielerisch eine Suppe auszuschlürfen. Die übrigen Kinder dürfen nun erraten, was das Kind gerade macht. Wurde die richtige Antwort gegeben, darf ein anderes Kind, das sich per Handzeichen meldet, mit dem Kind in der Mitte den Platz tauschen. Danach flüstern Sie dem Kind wieder etwas ins Ohr, bei dem erneut die Mundmotorik eine Rolle spielt, z. B. eine Kerze auspusten. Das Kind stellt dies dar und die anderen raten.
Auf diese Weise finden noch weitere Runden statt.

Weitere Beispiele:
Schnauben wie ein Pferd
Einen Fischmund machen
Einen Kussmund machen
Mit der Zunge schnalzen
Die Backen aufblasen

SCHNAUBEN WIE EIN PFERD

MUNDMOTORIKSPIEL

Alter **ab 4 Jahren**
Dazu brauchen Sie **1 Pferdeleine für jedes Paar, 1 Handtrommel, evtl. vier Markierungskegel**

Die Kinder bilden Paare, die von Ihnen jeweils eine Pferdeleine erhalten und sich auf einem überschaubaren Spielfeld verteilen, das Sie zuvor mithilfe von vier Markierungskegeln kennzeichnen können.

Eines der beiden Kinder spielt das Pferd, das andere stellt den Reiter oder die Reiterin dar. Das Kind, das das Pferd spielt, darf sich die Pferdeleine anziehen. Das zweite Kind stellt sich hinter das erste und führt es mithilfe der Pferdeleine, sobald Sie das Startsignal durch einen kräftigen Trommelschlag geben. „Pferd“ und „Reiter“ oder „Reiterin“ bewegen sich so lange vergnügt auf dem Spielfeld, bis Sie abermals trommeln.
Daraufhin bleiben alle stehen. Die „Pferde“ fangen nun an zu schnauben, indem die betreffenden Kinder ihre Lippen flattern lassen.
Im Anschluss daran findet ein Rollenwechsel statt, sodass die andere Hälfte der Gruppe ihre Mundmotorik trainieren kann.

WIE HEISST DAS WORT?

MUNDMOTORIKSPIEL

Alter **ab 5 Jahren**

Dazu brauchen Sie **1 Korken für jedes Kind, 1 Handtrommel**

Die Kinder bilden einen Kreis und erhalten von Ihnen jeweils einen Korken. Ein Kind, das Sie namentlich aufrufen, steckt sich den Korken zwischen die Schneidezähne und geht im Innenkreis auf ein anderes Kind zu. Das Kind mit dem Korken stellt sich direkt vor das Kind und flüstert ihm wie beim altbekannten Spiel „Stille Post“ einen Begriff wie z. B. „Spielzeugkiste“ ins Ohr. Die beiden Kinder tauschen dann ihre Plätze. Daraufhin darf das Kind, das nun im Innenkreis steht, seinen Korken zwischen die Schneidezähne stecken und dabei auf ein anderes zugehen und ihm den Begriff ins Ohr flüstern. So geht es weiter, bis Sie einmal kurz trommeln.
Im Anschluss daran darf das Kind, das als Letztes das Wort zugeflüstert bekommen hat, der Gruppe mitteilen, wie der gesuchte Begriff seiner Meinung nach heißt. Zur Kontrolle gibt das erste Kind dann das Wort, das es dem zweiten Kind zugeflüstert hat, preis.

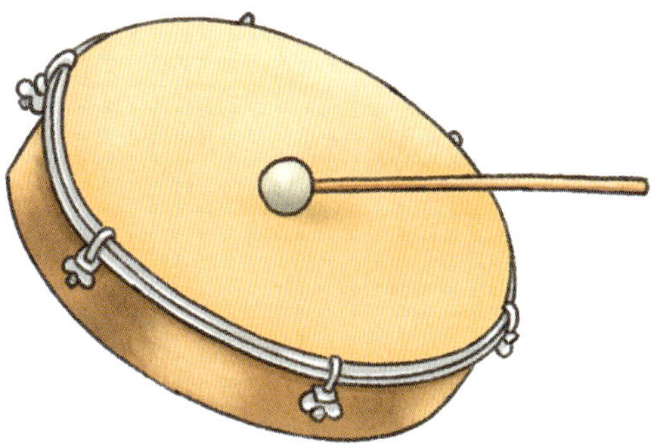

IM TAKT DER MELODIE

ZUNGENÜBUNG

Alter ab 5 Jahren

Dazu brauchen Sie 1 Sitzkissen für jedes zweite Kind

Die Hälfte der Kinder holt sich jeweils ein Kissen und bildet einen Sitzkreis. Alle übrigen Kinder knien sich im Innenkreis auf den Boden.
Während nun die Kinder im Außenkreis zusammen ein altbekanntes Kinderlied wie z. B. „Alle meine Entchen" singen, dürfen die übrigen Kinder im Takt der Melodie mit ihrer Zunge schnalzen. Klappt das Zusammenspiel, bis das Lied beendet ist?
Unabhängig davon tauschen die Kinder ihre Plätze mit den Kindern im Innenkreis. Danach wird das Spiel wiederholt und die andere Hälfte der Kinder schnalzt im Takt der Melodie mit der Zunge.
Im Anschluss daran tauschen alle erneut ihre Plätze und wiederholen das Ganze, jedoch mit einem anderen Kinderlied wie z. B. „Fuchs, du hast die Gans gestohlen" oder „Bruder Jakob".

LUSTIGE ZUNGE

ZUNGENÜBUNG

Alter ab 4 Jahren

Die Kinder sitzen zusammen mit Ihnen in einem Stuhlkreis. Zeigen Sie den Kindern, wie Sie mit der ausgestreckten Zunge einen großen Kreis machen können. Die Kinder beobachten alles haargenau und machen schließlich mit.
Kurz darauf können Sie z. B. die Zunge in Richtung Nasenspitze strecken. Die Kinder ahmen wieder alles nach.
Auf diese Weise machen Sie einige weitere Übungen zum Trainieren und Stärken der Zungen- und Lippenmuskulatur vor, bevor die Kinder der Reihe nach genauso etwas vormachen können, was von den übrigen Kinder nachgeahmt wird.

Weitere Beispiele:
Laut schnalzen, die Lippen ablecken, die Zähne antippen, ...

WENN DIE PAPIERTRÖTE ERKLINGT

PUSTESPIEL

Alter **ab 3 Jahren**

Dazu brauchen Sie **1 Papiertröte für jedes Kind**

Alle Kinder bis auf eines bilden einen Stuhlkreis und erhalten von Ihnen jeweils eine Papiertröte. Das übrige Kind stellt sich in die Mitte und geht auf ein beliebiges Kind zu. Es bleibt vor dem Kind stehen, atmet tief ein und pustet schließlich in das Mundstück seiner Tröte, die sich nun ausrollt und dabei den altbekannten Trötenton erzeugt. Die beiden Kinder tauschen ihre Plätze und das Kind, das sich dann in die Kreismitte stellt, kann entweder auf ein anderes Kind zugehen oder sofort die Papiertröte benutzen. Im letzteren Fall dürfen dann alle Kinder im Stuhlkreis, sobald der Trötenton erklingt, die Plätze tauschen. Das Kind im Innenkreis sucht sich dann ebenfalls einen freien Stuhl.

Das Kind, das nun keinen freien Stuhl ergattern konnte, stellt sich in die Mitte und geht entweder auf ein anderes Kind zu oder lässt in der Kreismitte sofort die Papiertröte erklingen. Auf diese Weise kann das Spiel ganz nach Belieben fortgesetzt werden.

ANSAUGLAUF

ANSAUGSPIEL

Alter **ab 5 Jahren**

Dazu brauchen Sie **1 Strohhalm für jedes Kind, Papierschnipsel, 1 Handtrommel**

Die Kinder stehen alle in einer Reihe mit dem Rücken zur Wand und erhalten von Ihnen jeweils einen Strohhalm und einen Papierschnipsel, den Sie auf der flachen Hand halten.

Auf Ihr Kommando hin dürfen die Kinder den Papierschnipsel ansaugen und so mit dem Strohhalm zur gegenüberliegenden Wand laufen.

Sollte einem Kind der Papierschnipsel auf den Boden fallen, bleibt es stehen. Falls alle Kinder ihre Schnipsel verlieren und somit kein Kind das Ziel erreicht, trommeln Sie einmal kräftig. Das ist das akustische Zeichen, den Papierschnipsel aufzuheben, ihn mithilfe des Strohhalms anzusaugen und schließlich wieder loszulaufen.

Das Kind, das als Erstes die Wand mit dem angesaugten Papierschnipsel erreicht hat, hat das Spiel besonders gut gemeistert.

DIE JAGD NACH DEN PAPIERSCHNIPSELN

ANSAUGSPIEL

Alter ab 5 Jahren

Dazu brauchen Sie Für jede Vierergruppe: 1 großes Leintuch, 2 × 24 Papierschnipsel in einer bestimmten Farbe, 2 kleine Schälchen, 1 Strohhalm für jedes Kind

Die Kinder bilden jeweils zu viert eine Gruppe, die ein großes ausgebreitetes Leintuch als Spielfeld erhält, auf dem Sie zweimal 24 Papierschnipsel in jeweils einer Farbe verteilen. Zudem werden gegenüberliegend jeweils zwei Schälchen neben dem Tuch abgestellt und jedes Kind erhält einen Strohhalm. Danach bilden die Kinder Zweierteams. Jedes Zweierteam ist für 24 Papierschnipsel in einer bestimmten Farbe zuständig.
Auf los geht's los. Die Teams sollen nun so schnell wie möglich die einzelnen Papierschnipsel mit ihrem Strohhalm ansaugen und in ihr Schälchen transportieren. Sieger ist das Team, das am schnellsten alle Papierschnipsel in seinem Schälchen liegen hat.

JUMBOBLASEN JAGEN

PUSTESPIEL

Alter **ab 5 Jahren**

Dazu brauchen Sie **1 Seifenblasenstab, 1 Stoppuhr**

Die Kinder bilden zwei gleich große Gruppen. Ein Kind aus der ersten Gruppe fängt an und erhält von Ihnen einen Seifenblasenstab. Auf Ihr Kommando hin darf das Kind nun dreimal hintereinander große Seifenblasen pusten. Die Kinder aus der zweiten Gruppe jagen den Seifenblasen hinterher und versuchen diese mit den Fingern und Händen zerplatzen zu lassen. Wie lange wird es wohl dauern, bis alle Seifenblasen zerplatzt sind? Stoppen Sie die Zeit.
Danach ist ein Kind aus der zweiten Gruppe dran.
Die Gruppe, die am schnellsten alle Seifenblasen zerplatzen lassen konnte, hat die Aufgabe besonders gut gemeistert.
Danach kann es eine Revanche geben, bei der aus jeder Gruppe ein neues Kind Jumbo-Seifenblasen herstellen darf.

FISCHE RETTEN

ANSAUGSPIEL

Alter **ab 5 Jahren**

Dazu brauchen Sie **1 Strohhalm für jedes Kind, Papierschnipsel, blaue Wolle oder 1 blauer Gymnastikreifen, 1 Stoppuhr**

Legen Sie einen blauen Gymnastikreifen oder blaue Wolle kreisförmig auf den Boden. Verteilen Sie im Inneren des Kreises nun viele kleine Papierschnipsel, die Fische darstellen. Die Kinder knien sich um den Kreis herum und erhalten von Ihnen jeweils einen Strohhalm. Erzählen Sie den Kindern, dass viele Fische an Land geschwemmt wurden und schnellstmöglich wieder zurück ins Wasser müssen.
Auf Ihr Startkommando hin dürfen die Kinder die einzelnen Papierschnipsel nacheinander mit ihrem Strohhalm ansaugen und so in den blauen Kreis bzw. das sichere Wasser transportieren. „Fische", die dabei auf den Boden fallen, bleiben liegen.
Wie viele Fische können die Kinder innerhalb einer Minute retten?

ZUNGENBEWEGUNGEN

ZUNGENÜBUNG

Alter **ab 5 Jahren**

Die Kinder sitzen zusammen mit Ihnen in einem Stuhlkreis.
Während Sie nun den folgenden Text vorlesen, machen die Kinder passend dazu die Zungenbewegungen:

„Meine Zunge wohnt in meinem Mund.
Die Zunge ist weder eckig noch rund."
Mund weit öffnen und auf die Zunge deuten

„Die Zunge rausstrecken ist nicht schwer.
Das ist lustig und gefällt mir so sehr."
Zunge kurz rausstrecken

„Nach oben und unten kann ich sie strecken
und damit ein leckeres Eis schlecken."
Die ausgestreckte Zunge erst nach oben, dann nach unten bewegen. So tun, als ob man eine Eistüte in der Hand halten und mit der Zunge Schicht für Schicht Eiscreme ablecken würde.

„Vielleicht fällt dir noch etwas Lustiges ein.
Zungenbewegungen tun gut für Groß und Klein."

Im Anschluss daran dürfen die Kinder der Reihe nach zeigen, was sie noch so alles mit ihre Zungen machen können, z. B. mit der Zunge die Lippe umfahren, die Zunge rechts und links in die Wangen drücken oder einfach rausstrecken und nach rechts und links bewegen. Dabei dürfen die übrigen Kinder wieder eifrig alles nachahmen.

MIT DER ZUNGE SCHNALZEN

ZUNGENÜBUNG

Alter **ab 5 Jahren**

Bilden Sie gemeinsam mit den Kindern einen Stuhlkreis.
Zu Beginn schnalzen Sie einen einfachen Rhythmus mit der Zunge, den alle Kinder im Takt mitklatschen dürfen. Sobald Sie die Hand gut sichtbar heben, ist das Kind an der Reihe, das

links neben Ihnen im Kreis steht. Es kann nun entweder den Rhythmus wiederholen oder einen neuen Rhythmus mit der Zunge schnalzen, den alle übrigen Kinder auf Ihre Bitte hin z. B. mitstampfen dürfen. Das geht wieder so lange, bis Sie die Hand heben.
Auf diese Weise geht es im Uhrzeigersinn so lange weiter, bis alle Kinder mit der Zunge schnalzend einen Rhythmus zum Besten geben konnten.

ELEFANTENHERDE

PUSTESPIEL

Alter **ab 3 Jahren**

Dazu brauchen Sie **1 Papiertröte für jedes Kind, 1 Handtrommel, evtl. 4 Markierungskegel**

Die Kinder verteilen sich auf einem übersichtlichen Spielfeld, das Sie mithilfe von vier Markierungskegeln kennzeichnen können. Jedes Kind erhält von Ihnen eine Papiertröte.
Zum Rhythmus Ihres langsamen Trommelspiels gehen alle schwerfällig wie Elefanten auf dem Spielfeld herum. Sobald das Getrommel aufhört, bleiben die Kinder stehen und suchen sich jeweils ein Partnerkind. Stehen zwei Kinder mit dem Gesicht zugewandt direkt voreinander, benutzen sie ihre Tröten, indem sie tief einatmen und beim Ausatmen die Luft dann in das Mundstück pusten. Rollt sich die Papiertröte aus, entsteht der berühmte Trötenton.
Im Anschluss daran setzt das Trommelspiel wieder ein, sodass die Elefanten bzw. Kinder wieder so lange einzeln unterwegs sind, bis das Getrommel abermals stoppt.
Auf diese Weise kann das Spiel nach Belieben fortgesetzt werden.

Kapitel 3

Auf der Spur von Geräuschen & Klängen

Spiele zur Förderung der akustischen Aufmerksamkeit und des Richtungshörens

Hörverstehen und Sprechen sind eng miteinander verknüpft. Indem bereits die Kleinsten in der Kita Gesprochenes nachplappern, erlernen sie Sprache.

Um den dafür wichtigen Hörsinn zu schulen, erhält das folgende Kapitel zahlreiche Praxisideen zur Förderung der akustischen Aufmerksamkeit. Bei diesen geht es nicht nur darum, Stimmen, Geräusche und Klänge zu erkennen und voneinander unterscheiden zu lernen, sondern auch um das Richtungshören. Alles zusammengenommen ist für die gesamte Sprachentwicklung von zentraler Bedeutung.

HUSCH, HUSCH INS KÖRBCHEN

LAUSCHSPIEL

Alter ab 3 Jahren

Dazu brauchen Sie 1 Kissen für jedes Kind

Die Kinder bilden mit ihren Kissen einen großzügigen Sitzkreis und verteilen sich dann im Innenkreis.
Die Kissen stellen Körbchen dar und die Kinder krabbeln nun auf allen Vieren als Kätzchen im Kreis herum, und zwar so lange, bis Sie „Husch, husch ins Körbchen“ sagen. Daraufhin soll jedes Kätzchen bzw. Kind möglichst leise und somit auch ohne Worte in Richtung eines freien Kissens krabbeln, auf dem es schließlich Platz nehmen darf. Sollte die Gruppe das schaffen, sagen Sie Folgendes:

„Das habt ihr toll gemacht.
Das hätte ich nicht gedacht!“

Sollte die Aufgabe jedoch nicht so gut gelungen sein, dürfen alle Kätzchen bzw. Kinder es noch einmal probieren und gespannt sein, ob es ihnen gelingt, das Körbchen ganz leise zu erreichen.

DER KLANG DER KLANGSCHALE

LAUSCHSPIEL

Alter ab 4 Jahren

Dazu brauchen Sie 1 Klangschale, evtl. 4 Markierungskegel

Suchen Sie sich ein übersichtliches Spielfeld, das Sie mithilfe von vier Markierungskegeln kennzeichnen können.

Die Kinder verteilen sich nun auf dem Spielfeld und gehen leise und auf Zehenspitzen kreuz und quer darauf herum, und zwar so lange, bis die Klangschale erklingt. Daraufhin bleiben alle Kinder stehen. Die Kinder sollen nun so lange abwarten, bis der Klang verstummt ist. Wer kann die Aufgabe gut meistern?

In der nächsten Runde dürfen die Kinder nun ganz leise rückwärts auf dem Spielfeld herumgehen, bis Sie erneut die Klangschale anschlagen.

Auf diese Weise finden noch ein paar weitere Durchgänge mit unterschiedlichen Bewegungsarten und zur Förderung des Hörsinns statt.

KLANGSCHÖNER KREIS

LAUSCHSPIEL

Alter ab 4 Jahren

Dazu brauchen Sie 1 Kissen für jedes Kind, 1 Klangschale

Alle Kinder sitzen zusammen auf Kissen im Kreis, in dessen Mitte Sie eine Klangschale platzieren.

Während Sie nun ein- oder gar mehrmals die Klangschale anschlagen, lauschen alle dem warmen harmonischen Klang. Sobald die Kinder glauben, dass der letzte Ton verklungen ist, stehen alle auf, um ihre Plätze zu tauschen. Erst wenn die Kinder wieder zusammen im Kreis sitzen, schlagen Sie erneut die Klangschale an. Die Kinder stehen auch dieses Mal auf, sobald sie meinen, den Klang nicht mehr zu hören.

Auf diese Weise kann das Spiel zum genauen Hinhören noch ein paarmal durchgeführt werden.

LEISE PLÄTZE WECHSELN

LAUSCHSPIEL

Alter **ab 4 Jahren**

Dazu brauchen Sie **1 gelben und 1 roten Pappkreis (ca. 15 cm) für die halbe Gruppe**

Finden Sie sich mit den Kindern in einem Stuhlkreis zusammen. Zu Beginn erhält jeweils die Hälfte der Kinder einen gelben und die andere Hälfte einen roten Kreis aus Pappe. Auf diese Weise entstehen zwei gleich große Teams, die sich farblich voneinander unterscheiden.
Auf Ihr Startzeichen hin darf nun das gelbe Team ganz leise die Plätze untereinander tauschen. Dabei kommt es nicht auf die Schnelligkeit, sondern auf die Lautstärke an. Das rote Team spitzt die Ohren und passt auf, ob tatsächlich alle wortlos und ohne viele Geräusche die Plätze tauschen konnten. Danach ist das rote Team an der Reihe und das gelbe Team hört genau hin. Welches Team hat die Aufgabe besonders gut gemeistert?

WAS SOLLEN WIR TUN?

LAUSCHSPIEL

Alter **ab 3 Jahren**

Alle Kinder bilden einen Kreis und sollen ganz leise sein und genau hinhören. Flüstern Sie den Kindern nun eine Tätigkeit zu, die sie von ihrem Platz aus ausüben können. Das kann klatschen, patschen, stampfen oder hüpfen sein. Was konnten die Kinder verstehen? Die Kinder dürfen der Reihe nach ihre Vermutung preisgeben, bevor sie die dazu passende Bewegung machen.
Wissen die Kinder Bescheid, wie das Spiel funktioniert, dann darf eines der Kinder Ihren Part übernehmen und den anderen zuflüstern, was sie zusammen machen sollen.
Spielen Sie einige Runden und beenden Sie das Spiel dann.

WER BEKOMMT DEN BALL?

LAUSCHSPIEL

Alter ab 3 Jahren

Dazu brauchen Sie 1 Kissen für jedes Kind, 1 Softball

Die Kinder sitzen mit leicht gespreizten Beinen auf ihren Kissen im Kreis. Nun brauchen Sie nur noch einen Softball, und schon kann es losgehen:
Schauen Sie in die Runde und wählen ein Kind aus, das Sie ganz leise namentlich benennen. Das betreffende Kind darf sich daraufhin zu erkennen geben, indem es „Das bin ich!" oder „Ja, ich heiße …!" sagt. Daraufhin rollen Sie den Ball in Richtung des Kindes. Sobald das Kind den Ball in den Händen hält, darf es diesen wieder zu Ihnen zurückrollen. Danach wählen Sie auf die gleiche Weise ein neues Kind aus, das sich zuerst zu erkennen geben darf, bevor Sie ihm den Ball zurollen.
Auf diese Weise geht es so lange weiter, bis alle Kinder mindestens einmal leise von Ihnen aufgerufen wurden und somit den Ball erhalten haben.

WER WURDE AUFGERUFEN?

LAUSCHSPIEL

Alter ab 5 Jahren

Die Kinder sitzen im Stuhlkreis beisammen. Wählen Sie nun ein beliebiges Kind aus, dessen Vornamen Sie ganz leise sagen und dabei ebenso leise zu jeder Silbe des Namens auf Ihren Oberschenkel patschen.
Das Kind, das glaubt, seinen Vornamen gehört zu haben, darf vom Stuhl aufspringen und sich so zu erkennen geben. Hat das Kind richtig gehört, darf es auf die gleiche Weise ein anderes Kind aufrufen. Ansonsten wiederholen Sie das Spiel mit einem neuen Namen.

DAS HOHE UND TIEFE C

DIFFERENZIERUNGSSPIEL

Alter ab 5 Jahren

Dazu brauchen Sie 1 Glockenspiel, evtl. 4 Markierungskegel

Die Kinder verteilen sich auf einem übersichtlichen Spielfeld, das Sie zuvor mit vier Markierungskegeln kennzeichnen können.
Die Kinder dürfen nun langsam auf dem Spielfeld herumgehen, und zwar so lange, bis das Glockenspiel zum Einsatz kommt und Sie entweder das hohe oder tiefe C ertönen lassen. Die Kinder bleiben sofort stehen und spielen entweder Riesen, indem sie ihre Arme weit nach oben in die Luft strecken, oder gehen als Zwerge in die Hocke. Dabei bilden sie mit ihren Händen ein spitzes Dach über dem Kopf. Anschließend gehen alle wieder langsam auf dem Spielfeld herum, bis Sie abermals das hohe oder tiefe C auf ihrem Glockenspiel ertönen lassen.
Auf diese Weise setzen Sie das Spiel zum genauen Hinhören und Differenzieren noch eine gewisse Zeit fort.

GERÄUSCH ODER KLANG?

DIFFERENZIERUNGSSPIEL

Alter ab 4 Jahren

Dazu brauchen Sie 3 bis 4 verschiedene Klanginstrumente (z. B. Triangel, Klangschale, Klangstäbe, Xylofon)

Die Kinder sitzen zusammen in einem Kreis, in dessen Mitte Sie einige Klanginstrumente platzieren.
Während nun alle Kinder ihre Augen schließen, können Sie z. B. ein paarmal klatschen oder ein Instrument erklingen lassen. Danach öffnen die Kinder wieder die Augen und sollen der Reihe nach sagen, ob sie soeben ein Geräusch oder einen Klang gehört haben. Zur Kontrolle wiederholen Sie, was sie soeben gemacht haben, bevor Sie die richtige Antwort geben.
Das Spiel zum genauen Hinhören und Differenzieren kann so noch ein paarmal fortgesetzt werden. Dabei kann auch ein Kind aus der Gruppe Ihre Rolle übernehmen und entweder ein Geräusch machen oder ein Instrument erklingen lassen.

NIESELREGEN, REGEN, HAGEL

DIFFERENZIERUNGSSPIEL

Alter ab 5 Jahren

Dazu brauchen Sie 1 Kissen für jedes Kind

Alle Kinder sitzen auf Kissen zusammen im Kreis. Erzählen Sie Ihnen, dass sie nun ganz genau hinhören sollen, und vereinbaren Sie die folgenden Geräusche mit den Kindern:

Nieselregen: Mit den Fingern auf die Oberschenkel tippeln
Regen: Mit den Händen auf die Oberschenkel patschen
Hagel: Mit den Füßen stampfen

Nun schließen alle Kinder bis auf eines die Augen. Das übrige Kind kann z. B. mit den Händen auf die Oberschenkel patschen. Kurz darauf hört es auf und sagt laut:

„Was für ein Wetter ist heute?
Denkt gut nach, liebe Leute."

Die Kinder dürfen nun sagen, welches Wetter sie gehört haben. Anschließend wiederholt das Kind das Geräusch zur Überprüfung. Haben alle richtig hingehört?
Danach wählt der „Wetterfrosch" ein anderes Kind aus, das nun entweder „Nieselregen", „Regen" oder gar „Hagel" akustisch darstellen darf.
Selbstverständlich können sich die Kinder auch noch weitere Geräusche für Sonne, Schnee oder Wind ausdenken und zum Spiel hinzufügen.

REGENBOGEN

DIFFERENZIERUNGSSPIEL

Alter **ab 5 Jahren**

Dazu brauchen Sie **1 Regenstab, 1 Klangschale**

Finden Sie sich mit den Kindern in einem Stehkreis zusammen. Stellen Sie zu Beginn die oben genannten Instrumente bereit und begeben sich in die Kreismitte.
Sobald Sie den Regenstab erklingen lassen, können die Kinder einen kleinen Regentanz machen. Dabei stemmen sie ihre Hände in die Hüfte und drehen sich langsam um die eigene Achse. Schlagen Sie nun die Klangschale an.
Wer hört den Klang der Klangschale trotz des Regengeräusches? Die Kinder bleiben sofort stehen, wenn sie etwas hören, halten eine Hand an ihre Stirn und tun so, als ob sie einen Regenbogen am Horizont entdecken.
Wiederholen Sie das Spiel noch einige Male. Werden die Kinder schneller in ihrer Reaktion?

SONNE, REGEN, STURM

DIFFERENZIERUNGSSPIEL

Alter **ab 4 Jahren**

Dazu brauchen Sie **1 Klangschale, 1 Regenstab, 1 Handtrommel, evtl. 4 Markierungskegel**

Die Kinder verteilen sich auf einem überschaubaren Spielfeld, das Sie zuvor mithilfe von vier Markierungskegeln kennzeichnen können. Danach verläuft das Spiel so ähnlich wie das altbekannte Spiel „Feuer, Wasser, Sturm", jedoch mit den oben genannten Instrumenten.
Während nun alle auf dem Spielfeld herumlaufen, lassen Sie irgendwann eines der Instrumente erklingen, z. B. die Klangschale, deren warmer Klang an Sonnenstrahlen erinnert. Die Kinder bleiben daraufhin stehen und tun so, als ob sie sich mit einem Sonnenschutzmittel das Gesicht eincremen würden. Ist der Klang verklungen, laufen alle wieder kreuz und quer auf dem Spielfeld herum, bis sie abermals die Klangschale oder eines der anderen Instrumente ertönen lassen.
Wenn der Regenstab zu hören ist, dürfen alle Kinder stehen bleiben und mit ihren Händen ein spitzes Dach über ihrem Kopf bilden. Bei einem kräftigen Trommelwirbel auf der Handtrom-

mel zieht ein Sturm auf. Passend dazu legen sich dann alle Kinder rasch auf den Boden. Anschließend laufen alle wieder vergnügt auf dem Spielfeld herum.
Das Bewegungsspiel lässt sich so ganz nach Belieben fortsetzen.

ZEIT ZUM AUFSTEHEN

DIFFERENZIERUNGSSPIEL

Alter ab 5 Jahren

Dazu brauchen Sie 1 Handglocke

Alle Kinder bis auf eines sitzen gemütlich zusammen in einem Stuhlkreis und „schlafen“. Das übrige Kind holt sich eine Handglocke und stellt sich in die Mitte, um von dort aus bis zu achtmal die Glocke erklingen zu lassen. Sollte die Glocke achtmal zu hören sein, wird es für alle Zeit, aufzustehen. In diesem Fall tauschen die Kinder ihre Plätze. Sollte der Glockenklang jedoch weniger als achtmal erklingen, bleiben alle Kinder sitzen. Wer falsch reagiert hat, gibt ein Pfand ab, z. B. eine Haarspange oder einen Schuh.
Unabhängig davon erhält nun ein anderes Kind die Glocke, die es in der nächsten Spielrunde auch bis zu achtmal (oder in einer anderen zuvor festgelegten Anzahl) erklingen lässt.
Nach ein paar Spielrunden dürfen Kinder ihr Pfand wieder einlösen, indem sie bei jedem Glockenklang einmal in die Luft springen oder in die Hände klatschen.

MAUSELOCH

RICHTUNGSHÖREN

Alter ab 4 Jahren

Alle Kinder bis auf eines stellen sich im Kreis auf, spreizen dabei leicht die Beine und schließen die Augen.
Das ausgesuchte Kind krabbelt nun auf allen Vieren im Außenkreis herum. Irgendwann bleibt das Kind hinter einem Mauseloch/den gespreizten Beinen eines Kindes stehen und piepst dabei wie eine Maus. Das Kind, das glaubt, dass die Maus sich hinter ihm befindet, hebt den Arm hoch in die Luft. Alle übrigen Kinder im Kreis dürfen auf die Richtung des vermuteten Standorts der „Maus" zeigen. Zur Kontrolle öffnen die Kinder auf Ihre Anweisung hin ihre Augen und schauen nach, wo sich die Maus tatsächlich befindet.
Nun krabbelt die Maus durch das Mauseloch. Die beiden Kinder tauschen ihre Plätze.
Das neue Kind, das nun im Außenkreis die Maus spielt, darf sich dann seinerseits ein „Mauseloch" suchen, sobald alle wieder die Augen geschlossen haben.

WOHIN ROLLT DER BALL?

RICHTUNGSHÖREN

Alter ab 4 Jahren

Dazu brauchen Sie 1 Glöckchenball

Alle Kinder bis auf eines bilden einen engen Stehkreis und spreizen etwas ihre Beine. Das übrige Kind holt sich den Glöckchenball und stellt sich in die Kreismitte. Während nun alle ihre Augen schließen, rollt es den Ball zwischen die Beine eines Kindes. Die Kinder im Kreis dürfen auf die Richtung des rollenden Glöckchenballs deuten. Das Kind, das glaubt, dass der Ball zwischen seinen Beinen durchgerollt wurde, hebt die Hand. Kurz darauf bitten Sie die Kinder, ihre Augen zu öffnen. Alle schauen nach, bei wem sich der Ball tatsächlich befindet. Das Kind in der Mitte tauscht anschließend mit dem Kind, das gerade den Ball hat, den Platz.
Eine neue Spielrunde startet, sobald alle wieder ihre Augen geschlossen haben.

WO MIAUT DIE KATZE?

RICHTUNGSHÖREN

Alter ab 4 Jahren

Dazu brauchen Sie 1 Gymnastikreifen für jedes Kind, evtl. 4 Markierungskegel

Zu Beginn suchen Sie ein überschaubares Spielfeld, das Sie mithilfe von vier Markierungskegeln kennzeichnen können. Alle Kinder bis auf eines holen sich jeweils einen Gymnastikreifen und begeben sich mit dem übrigen Kind auf das Spielfeld. Die Kinder setzen sich in ihre Reifen und schließen ihre Augen.
Das Kind, das keinen Reifen hat, spielt eine Katze/einen Kater und krabbelt auf allen Vieren in Richtung eines Kindes, das in einem Reifen sitzt. Es bleibt vor dem Kind stehen und miaut leise. Daraufhin darf das ausgewählte Kind seine Augen öffnen. Alle übrigen Kinder deuten nun in Richtung der Katze/des Katers und öffnen dann ebenfalls ihre Augen. Sollte das betroffene Kind auf das Miauen nicht reagieren, wird der Ruf noch einmal lauter wiederholt. Anschließend wechseln die beiden Kinder ihre Plätze. Das neue Kind darf nun ein anderes Tier spielen und auf allen Vieren zum nächsten Kind krabbeln und dort ein typisches Geräusch machen.
Auf diese Weise können noch weitere Spielrunden mit jeweils einer bestimmten Tierart (Maus, Pferd, Kuh, Hund, …) durchgeführt werden.

SCHLEICHENDE KATZE

RICHTUNGSHÖREN

Alter ab 4 Jahren

Dazu brauchen Sie 1 Kissen für jedes Kind

Jedes Kind holt sich ein Kissen und bildet mit den anderen einen Sitzkreis. Sobald die Kinder im Kreis sitzen, schließen sie alle ihre Augen. Gehen Sie nun möglichst leise im Außenkreis herum und tippen Sie einem beliebigen Kind kurz auf die Schultern. Bleiben Sie dann stehen. Das betreffende Kind darf nun einmal möglichst leise im Innenkreis herumkrabbeln.

Wenn das Kind wieder auf seinem Kissen sitzt, bitten Sie alle übrigen Kinder, ihre Augen zu öffnen. Wer weiß, wo das Kind sitzt, das soeben leise wie eine Katze im Innenkreis herumgeschlichen ist? Zur Kontrolle gibt sich das betreffende Kind zu erkennen.

Danach startet eine neue Runde, bei der Sie ein weiteres Kind als Katze aussuchen.

KAPITEL 4

REIME FÜR FLINKE MÄUSEKINDER

Spiele zur Förderung des bewussten Sprechens und der Aussprache

Kinder lieben Reime, die nicht nur melodisch sind, sondern auch äußerst lustig und unterhaltsam sein können. Es gibt unzählige Kinderreime, die bereits seit Generationen erfreuen. Bis zum heutigen Tag haben Kinder großen Spaß dran, Wörter zu finden und zu erfinden, die sich reimen, aber vielleicht nicht immer Sinn ergeben.
In diesem Kapitel können die Reime auch zum Bewegen und Mitmachen animieren, sodass die Kinder sich auf vielfältige Weise am Klang und am Rhythmus der Sprache erfreuen können. Sie fördern zudem die Merkfähigkeit, erweitern den Wortschatz und den Spaß am Sprechen.

AUF DEM POSTWEG

REIMSPIEL

Alter ab 4 Jahren

Die Kinder bilden einen Stuhlkreis und stellen sich vor ihren Stühlen auf.
Flüstern Sie einem Kind ein Reimpaar ins Ohr, z. B. „Mutter – Butter!“. Daraufhin läuft das betreffende Kind zu einem anderen Kind, um ihm das eben Gehörte zuzuflüstern. Danach tauschen beide ihre Plätze: Das erste Kind setzt sich und das andere Kind geht zu einem weiteren Kind und flüstert ihm das Reimpaar zu.
Auf diese Weise geht es weiter, bis alle Kinder, bis auf eines, auf ihren Stühlen sitzen. Bevor jedoch auch das letzte Kind in der Runde Platz nehmen darf, verrät es den anderen, was es gehört hat.
Danach darf ein anderes Kind das Spiel wiederholen, sobald Sie dem Kind zwei Wörter, die sich reimen, wie etwa „Haus – Maus!“, ins Ohr geflüstert haben.

REIMLAWINE

REIMSPIEL

Alter ab 5 Jahren

Dazu brauchen Sie 1 Softball, 1 Stoppuhr

Die Kinder bilden einen engen Kreis. Ein beliebiges Kind holt sich einen Softball und nennt einen Begriff, z. B. „Maus!“. Von nun an läuft die Spielzeit.
Das Kind übergibt den Ball rasch demjenigen Kind, das links neben ihm im Kreis steht. Dieses Kind soll nun ebenso rasch ein dazu passendes Reimwort finden wie „Haus!“, „Klaus!“, „Laus!“ oder „aus!“, ... Sollte dem Kind nichts Passendes einfallen, übergibt es dennoch schnell den Ball demjenigen Kind, das links neben ihm Kreis steht.
Auf diese Weise geht es immer weiter, bis das erste Kind wieder den Ball in den Händen hält. Stoppen Sie die Zeit und zählen jeweils eine Sekunde für die Kinder dazu, die kein passendes Reimwort finden konnten.
Im Anschluss daran fängt eine weitere Spielrunde mit einem neuen Wort an. Dieses Mal sollen die Kinder nach Möglichkeit noch schneller die dazu passenden Reimwörter finden.
Das Reimspiel mit dem Ball kann so noch ein paarmal durchgeführt werden.

WAS REIMT SICH AUF MUND?

REIMSPIEL

Alter **ab 5 Jahren**

Dazu brauchen Sie **1 Kissen für jedes Kind, 1 leere Dose, diverse Gegenstände zum Reimen (z. B. Fisch, Hase, Hund, Tanne, Maus – aus Pappe oder anderem Material), jede Menge Murmeln**

Zu Beginn bilden alle einen großen Kreis aus Kissen, auf denen die Kinder dann Platz nehmen. In die Mitte legen Sie einige Gegenstände für das Reimspiel.
Danach teilen Sie die Kinder in zwei gleich große Gruppen ein und rufen ein Kind aus jeder Gruppe auf, zu denen Sie nun Folgendes sagen:

„Was reimt sich auf Mund?"

Die beiden Kinder sollen nun so schnell wie möglich zu dem passenden Gegenstand im Innenkreis laufen, der in diesem Fall „Hund!" heißt. Das Kind, das als Erstes den Plüschhund berührt, bekommt von Ihnen eine Murmel. Danach gehen beide Kinder wieder auf ihren Platz zurück. Sitzen alle erneut beisammen, rufen Sie ein weiteres Kind aus jeder Gruppe auf und sagen:

„Was reimt sich auf Tisch?"

Dasjenige Kind, das am schnellsten den Fisch im Innenkreis berührt, hat eine Murmel für seine Gruppe ergattert.
Auf diese Weise geht es weiter, bis alle Kinder an der Reihe waren. Die Gruppe mit den meisten Murmeln gewinnt das Reimspiel.

SAG' UNS, WIE ALT DU BIST ...

ABZÄHLREIM

Alter ab 4 Jahren

Die Kinder bilden einen großzügigen Stuhlkreis. Ein beliebiges Kind steht auf und begibt sich in die Kreismitte.
Während nun alle den Abzählvers aufsagen, deutet das Kind in der Mitte bei jeder Silbe im Uhrzeigersinn auf die einzelnen Kinder:

„Ich und du, du und ich.
Ich frage erst mal dich.
Wie alt bist denn du?
Wir hören dir gut zu!"

Das Kind, auf das als Letztes gedeutet wird, darf nun sagen, wie alt es ist. Ist das Kind z. B. vier Jahre alt, dann dürfen alle Kinder bis vier zählen und dabei jedes Mal in die Luft springen. Danach tauscht das Kind, das soeben sein Alter genannt hat, mit dem Kind in der Mitte den Platz.
Eine neue Spielrunde mit dem Abzählvers beginnt. Nach ein paar Durchgängen ist das Spiel beendet.

WEM GEHÖRT DER SCHUH?

ABZÄHLREIM

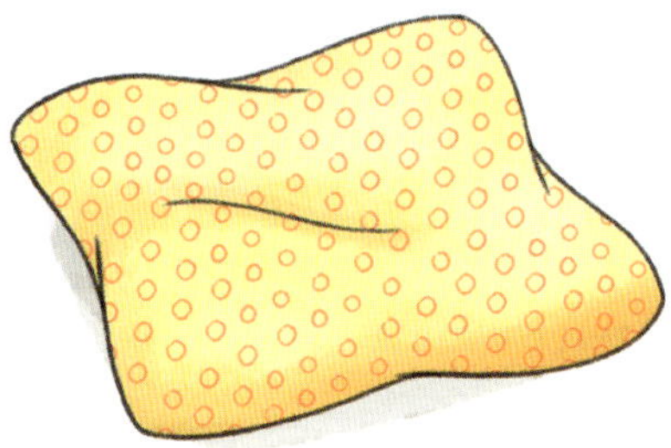

Alter ab 4 Jahren

Dazu brauchen Sie 1 Kissen für jedes Kind, 1 leerer Wäschekorb

Zu Beginn bilden alle einen großen Kreis aus Kissen, auf denen die Kinder dann Platz nehmen. Die Kinder ziehen ihren linken Schuh aus, den sie in einen leeren Wäschekorb in der Kreismitte legen.
Danach verläuft das Spiel so ähnlich wie das altbekannte Spiel „Schuhsalat".
Eines der Kinder hüpft auf einem Bein in Richtung Korb, um sich einen linken Schuh aus dem Korb zu holen. Während das Kind nun laut den Abzählreim aufsagt, deutet es der Reihe nach links im Kreis herum auf die einzelnen Kinder:

„Hört mal alle zu!
Wem gehört der Schuh?
Ich werde dich nun fragen.
Kannst du es mir nun sagen?“

Das Kind, auf das als Letztes gezeigt wurde, soll herausfinden, wer der Besitzer oder die Besitzerin des Schuhs ist. Konnte das Kind das richtige Kind ausfindig machen, darf dieses in Richtung Innenkreis hüpfen, sobald alle wieder auf ihren Kissen im Kreis sitzen.
Das Spiel geht so lange weiter, bis der Wäschekorb leer ist und alle Kinder ihre Schuhe angezogen haben.

MEINE UND DEINE FAMILIE

FINGERSPIEL

Alter **ab 3 Jahren**

Alle Kinder setzen sich zusammen in einen Kreis und sagen gemeinsam den Text auf, zu dem sie die dazu passenden Bewegungen machen:

„Wir sind fünf und nicht mehr.
Darf ich vorstellen? Bitte sehr!
Alle fünf Finger in der Luft zappeln lassen

Mama, Papa, Bruder, Schwester und ich.
Und wie schaut es bei dir aus? Frag’ ich dich!“
Eine Faust bilden, ausgehend vom Daumen der Reihe nach die einzelnen Finger ausstrecken

Am Ende dürfen die Kinder noch mal sagen, wie viele Familienmitglieder sich soeben vorgestellt haben. Wurde die richtige Anzahl benannt, dürfen die Kinder der Reihe nach erzählen, wer alles zu ihrer Familie gehört. Dabei werden sie viele Gemeinsamkeiten, aber auch Unterschiede entdecken.

WIR WANDERN

ABZÄHLREIM

Alter ab 5 Jahren

Im Stuhlkreis steht ein Stuhl weniger, als es der Anzahl der Kinder entspricht.
Die Kinder laufen links im Innenkreis an den Stühlen entlang. Während die Gruppe den Abzählreim aufsagt, deuten Sie von der Kreismitte aus auf die Kinder:

„Wir wandern, wir wandern den ganzen Tag.
Wir wandern, wir wandern den ganzen Tag.
Wir wandern, wir wandern den ganzen Tag.
Das geht so lange, bis niemand mehr mag."

Ist der Abzählreim beendet, bleiben alle Kinder stehen. Das Kind, auf das Sie als Letztes gedeutet haben, darf eine Bewegungsart wie Hüpfen benennen. Daraufhin dürfen alle Kinder loshüpfen und sich rasch einen Platz im Stuhlkreis suchen. Das Kind, das ohne Stuhl bleibt, darf in der nächsten Runde Ihre Rolle übernehmen und von der Kreismitte aus auf die vorbeigehenden Kinder deuten.

HIER KOMMT DIE KLEINE HEX'

ABZÄHLREIM

Alter ab 4 Jahren

Dazu brauchen Sie 1 Kinderbesen

Die Kinder sitzen zusammen im Kreis. Eines von den Kindern erhält von der Spielleitung einen Kinderstubenbesen und „reitet" auf dem Besen in Richtung Kreismitte. Während nun alle den Abzählvers aufsagen und dabei bei jeder Zahl einmal in die Luft springen, deutet das Kind auf dem Besen bei jeder Zahl auf irgendein Kind im Kreis:

„Eins, zwei, drei, vier, fünf, sechs.
Hier kommt die kleine Hex'.
Eins, zwei, drei, vier, fünf, sechs.
Da ist die kleine Hex'."

Danach „reitet" das Kind, das die kleine Hex' spielt, auf seinem Besen zu dem Kind, auf das es als Letztes gedeutet hat. Die „Hexe" übergibt den Besen an das Kind und beide tauschen ihre Plätze.
Auf diese Weise können noch ein paar Spielrunden stattfinden.

WER FÄNGT UNS?

ABZÄHLREIM

Alter ab 5 Jahren

Die Kinder bilden einen großzügigen Stuhlkreis. Ein beliebiges Kind steht auf und begibt sich in die Kreismitte.
Während nun alle den unten aufgeführten mündlich überlieferten Abzählvers aufsagen, tun sie so, als ob sie im Kochtopf die Speise umrühren würden. Dabei deutet das Kind in der Mitte bei jeder Silbe der Reihe nach im Uhrzeigersinn auf die einzelnen Kinder im Kreis:

„1, 2, 3, 4, 5, 6, 7 –
eine alte Frau kocht Rüben,
eine alte Frau kocht Speck,
und du bist weg!"

Das Kind, auf das als Letztes gedeutet wird, läuft nun allen Kindern hinterher, die schnellstmöglich den Kreis verlassen. Wurde ein Kind geschnappt, darf es in der nächsten Spielrunde im Kreis stehen und sobald die Kinder den Abzählvers aufsagen, bei jeder Silbe auf die einzelnen Kinder im Uhrzeigersinn deuten.
Das Spiel kann so noch ein paarmal durchgeführt werden.

SONNENKINDER

FINGERSPIEL

Alter ab 3 Jahren

Dazu brauchen Sie 1 Kissen für jedes Kind, 1 Stoppuhr

Zu Beginn bilden alle einen großen Kreis aus Kissen, auf denen die Kinder dann Platz nehmen. Machen Sie gemeinsam das folgende Fingerspiel:

„Es regnet. Die Sonne kommt nicht raus.
Wir bleiben jetzt wohl lieber zu Haus'.
Mit den Fingerspitzen sanft auf den Kopf tippen

Doch irgendwann regnet es nicht mehr,
das freut uns Kinder wirklich so sehr!
Vor Freude aufspringen und dabei die Arme hochheben

Die Sonne scheint und wir gehen raus.
Das Fingerspiel ist nun auch aus."
Mit den Fingern auf dem Oberschenkel spazieren gehen

WAS MACHEN DIE TIERE?

FINGERSPIEL

Alter **ab 3 Jahren**

Die Kinder bilden einen Stuhlkreis. Lesen Sie das Fingerspiel zunächst laut vor und machen Sie die jeweiligen Bewegungen dazu. Anschließend können die Kinder den Text mitsprechen und die Bewegungen mit ihren Fingern und Händen wie folgt nachmachen:

„Hier ist eine Schnecke.
Sie kriecht um die Ecke.
Die linke Faust unter dem rechten Unterarm verschwinden lassen

Hier kommt eine Kuh.
Sie macht muh, muh, muh.
Mit dem Zeige- und Mittelfinger auf dem Oberschenkel spazieren gehen

Hier kommt ein kleiner Hase
und kitzelt deine Nase.
Mit dem Mittel- und Ringfinger den Daumen berühren und die übrigen Finger nach oben strecken; mit dem „Hasen" die eigene Nase berühren

Hier kommt eine Rennmaus
und das Spiel ist nun aus."
Mit den Händen die Mäuseohren hinter den Ohren andeuten und dann beide Hände hinter dem Rücken verschwinden lassen

ES REGNET, ES REGNET ...

KINDERREIM

Alter **ab 3 Jahren**

Alle Kinder bis auf eines setzen sich zusammen in einen Kreis. Das übrige Kind stellt sich in die Kreismitte und sagt laut die erste Strophe des traditionellen Kinderlieds „Es regnet, es regnet" auf.

„Es regnet, es regnet, es regnet seinen Lauf,
und wenn's genug geregnet hat, dann hört es wieder auf."

Kaum ist die Strophe beendet, kommen alle Kinder aus ihren Häusern heraus, indem sie aufspringen und ruckzuck ihre Plätze miteinander tauschen. Dabei versucht auch das Kind in der Mitte, einen freien Platz zu ergattern. Das Kind, das ohne Stuhl bleibt, darf dann ausgehend von der Kreismitte auf die gleiche Weise eine neue Spielrunde starten.

RI-RA-RUTSCH

KINDERREIM

Alter **ab 5 Jahren**

Dazu brauchen Sie **1 Teppichfliese für jedes Team, 1 Springseil für jedes Team**

Die Kinder bilden immer zu zweit ein Team. Jedes Team erhält von Ihnen eine Teppichfliese und ein Springseil.
Während sich nun ein Kind auf die Teppichfliese setzt und dabei die beiden Enden des Seils festhält, darf das andere Kind mithilfe des Seils das sitzende Kind hinter sich herziehen. Dabei sagen alle Kinder laut und deutlich den bekannten Kinderreim „Ri-ra-rutsch" auf.

„Ri-ra-rutsch,
wir fahren mit der Kutsch'.
Wir fahren über Stock und Stein
da bricht Pferdchen sich ein Bein.
Ri-ra-rutsch,
es ist nichts mit der Kutsch."

Im Anschluss daran findet ein Rollenwechsel statt, sodass auch die andere Hälfte der Kinder sich auf die Kutsche bzw. auf die Teppichfliese setzen kann. Beenden Sie das Spiel im Anschluss.

STEIGT EIN BÜBLEIN AUF DEN BAUM

KINDERREIM

Alter ab 5 Jahren

Alle Kinder bilden einen Stuhlkreis und tun so, als ob sie auf einen Baum klettern würden. Danach stellen sie sich vorsichtig auf ihre Stühle. Währenddessen sagen Sie das folgende altbekannte Gedicht auf, das die Kinder leicht mitsprechen können:

„Steigt ein Büblein auf den Baum,
o so hoch, man sieht es kaum.
Hüpft von Ast zu Ästchen,
schlüpft ins Vogelnestchen.
Ui! Da lacht es!
Hui! Da kracht es!
Plumps! Da liegt es unten."

Im Anschluss dürfen alle Kinder voller Freude vom Stuhl in Richtung Innenkreis springen.

WER HOLT IHN DA RAUS?

KINDERREIM

Alter ab 3 Jahren

Dazu brauchen Sie 1 Schaukelpferd

Alle Kinder bis auf eines bilden einen Stuhlkreis. Das übrige Kind setzt sich auf das Schaukelpferd, das Sie in die Kreismitte stellen.
Während nun alle den Anfang des altbekannten Liedtextes „Hoppe, hoppe Reiter" aufsagen und dabei die letzte Zeile verändern, darf das Kind auf dem Schaukelpferd reiten.

„Hoppe, hoppe Reiter,
wenn er fällt, dann schreit er.
Fällt er in den Graben,
wer schützt ihn vor den Raben?"

Das Kind tut nun so, als ob es von seinem Schaukelpferd auf den Boden fallen würden. Sobald es auf dem Boden sitzt, darf es ein Kind aus der Gruppe bestimmen, das zu ihm laufen und

ihm beim Aufstehen helfen darf. Wurde das Kind „gerettet", darf sich das Kind, das ihm soeben geholfen hat, auf das Schaukelpferd setzen und die nächste Spielrunde ausgehend von der Kreismitte starten.
Auf diese Weise finden noch ein paar Durchgänge statt.

EINE RUNDE SACHE

REIMRÄTSEL

Alter **ab 4 Jahren**

Dazu brauchen Sie **1 Kissen für jedes Kind, 1 Softball**

Die Kinder sitzen zusammen auf ihren Kissen im Kreis und spreizen leicht die Beine. Ein beliebiges Kind erhält von Ihnen einen Ball.
Nun rollen die Kinder sich gegenseitig den Ball im Innenkreis zu und sagen dabei Folgendes:

„Ich bin stets rund
und manchmal bunt.
Rollen kannst du mich,
was sonst, das frag' ich dich!"

Das Kind, das als letztes den Ball in den Händen hält, darf die Frage beantworten, indem es „Den Ball werfen/fangen/kicken/auf den Boden prellen" sagt.
Konnte das Kind eine korrekte Antwort geben, fängt das Ballspiel von vorne an.
Spielen Sie so lange, wie die Kinder Ideen finden, was man mit dem Ball tun kann.

ICH BIN BUNT

RÄTSELREIM

Alter ab 3 Jahren
Dazu brauchen Sie 1 Osterei aus Plastik oder anderem Material, evtl. andere kleine Gegenstände

Die Kinder bilden einen Stuhlkreis. Ein beliebiges Kind erhält von Ihnen ein buntes Osterei. Während nun alle den unten genannten Text aufsagen und dabei bei jeder Silbe auf die Oberschenkel patschen, wandert das Osterei von Hand zu Hand links im Kreis herum:

„Ich bin bunt
und nicht rund.
Ich bin klein,
schmecke fein.
Wer bin ich,
frag ich dich!"

Das Kind, das als Letztes das Osterei in den Händen hält, darf das Rätsel auflösen. Möchten die Kinder eine weitere Runde spielen? Alternativ können Sie auch weitere Gegenstände dazunehmen und jedes Mal den Reim entsprechend verändern.

WAS ICH DAMIT MACHEN KANN

REIMRÄTSEL

Alter ab 5 Jahren

Die Kinder bilden einen großzügigen Stuhlkreis. Eines der Kinder darf zeigen, was es mit seinem Stuhl machen kann, sobald alle den folgenden Spruch laut aufgesagt haben:

„Was kannst du alles mit dem Stuhl machen?
Kennst du eine oder gar mehrere Sachen?"

Daraufhin kann das Kind auf seinen Stuhl steigen und in Richtung Innenkreis springen oder mit den Fäusten gegen die Sitzfläche klopfen und somit Musik machen. Die übrigen Kinder sollen sagen, was das Kind gerade mit seinem Stuhl macht.
In Anschluss daran kommt ein anderes Kind an die Reihe.

WER ETWAS GRÜNES TRÄGT

REIMRÄTSEL

Alter ab 5 Jahren

Dazu brauchen Sie evtl. 4 Markierungskegel, 1 Mannschaftsband

Die Kinder verteilen sich auf einem übersichtlichen Spielfeld, das Sie zuvor mithilfe von vier Markierungskegeln kennzeichnen können.
Ein beliebiges Kind erhält das Mannschaftsband, das es für alle gut sichtbar quer über seiner Schulter trägt. Das Kind ist der Fänger oder die Fängerin und überlegt sich eine Farbe. Passend dazu kann es sagen:

„Wer etwas Grünes trägt ist dran.
Das Fangspiel fängt nun an!"

Daraufhin laufen alle Kinder davon, die irgendetwas Grünes tragen. Der Fänger oder die Fängerin wiederum versucht, eines der betreffenden Kinder zu fangen, das dann in der nächsten Spielrunde die Rolle übernimmt und eine andere Farbe benennen und fangen möchte. Sollte es dem Fänger oder der Fängerin jedoch nicht gelingen, ein Kind zu fangen, brechen Sie das Spiel nach einer Weile ab und bestimmen ein anderes Kind, das auf die gleiche Weise das Spiel wiederholen darf.

KAPITEL 5

RHYTHMUS FÜHLEN & SILBEN SCHWINGEN

Spiele zum Erkennen von Silben und Silbentrennung

Wörter in Silben zerlegen können ist überaus wichtig, um Lesen und Schreiben zu lernen. In der Kita kann dafür bereits eine gute Basis geschaffen werden, indem die Kinder sich auf verspielte und vielfältige Weise zunächst mit einfachen und kurzen Wörtern befassen, die entweder in zwei oder drei Silben zerlegt werden können.
Im folgenden Kapitel werden nun Silbenspiele, Gedichte & Co. vorgestellt, bei denen die Kinder Wörter mithilfe von Bewegung in Silben trennen können. Auf diese Weise lässt sich ohne viel Zutun die phonologische Bewusstheit fördern.

EIN AF-FE SOLL KOMMEN

SILBENSPIEL

Alter **ab 4 Jahren**

Das Spiel verläuft nach dem Prinzip des altbekannten Stuhlkreisspiels „Mein rechter, rechter Platz ist leer". Daher steht ein zusätzlicher, leerer Stuhl zwischen den Kindern im Kreis.
Das Kind, das links des leeren Stuhls sitzt, beginnt. Es legt seine Hand auf die Sitzfläche des freien Stuhls und sagt laut:

„Mein rechter, rechter Platz ist leer. Da wünsch ich mir den/die … *(Vorname des ausgewählten Kindes benennen)* her."

Das betreffende Kind antwortet dann: „Als was soll ich kommen?"

Das erste Kind benennt nun ein Tier und klatscht dabei bei jeder Silbe in die Hände:

„Als Affe!"

Wie oft hat das Kind in die Hände geklatscht? Kann das gerufene Kind richtig antworten, läuft es wie ein Affe zum leeren Stuhl und setzt sich darauf.
Im Anschluss daran darf sich dasjenige Kind, das nun links neben dem leeren Stuhl sitzt, auf die gleiche Weise ein neues Kind herbeiwünschen. Das Spiel geht so lange, wie die Kinder Lust haben.

SILBEN-REIFEN

SILBENSPIEL

Alter ab 5 Jahren

Dazu brauchen Sie 1 Kissen für jedes Kind, 1 Gymnastikreifen

Die Kinder setzen sich auf Kissen im Kreis. Ein Kind, das gerne möchte, erhält einen Gymnastikreifen, den es in der Kreismitte senkrecht auf den Boden stellt, vor dem Körper dreht und schließlich loslässt. Während der Reifen an Geschwindigkeit verliert, sagt das Kind seinen Vornamen und klatscht dabei bei jeder Silbe in die Hände. Wurde die Aufgabe richtig erfüllt, darf es in den Reifen springen, bevor der Reifen auf dem Boden liegen bleibt. Danach ruft es das nächste Kind auf, das den Reifen übernimmt. Auf diese Weise kann das Spiel beliebig fortgeführt werden.

MIT TÜCHERN SCHWINGEN

SILBENSPIEL

Alter ab 3 Jahren

Dazu brauchen Sie 1 Chiffontuch für jedes Kind

Geben Sie jedem Kind ein Chiffontuch und bilden anschließend gemeinsam einen Stuhlkreis. Während Sie nun zusammen mit den Kindern den folgenden Spruch aufsagen, schwingen die Kinder ihre Tücher bei jeder Silbe hin oder her.

„Sil-ben schwin-gen, Sil-ben sprin-gen."

Können die Kinder sagen, wie viele Silben der Spruch hatte? Wenn sie es richtig beantworten, dürfen alle Kinder rasch einen Platz nach links im Kreis wechseln.
Ändern Sie in der nächsten Runde den Spruch ab und sagen Sie „tanzen/hüpfen/rennen!" anstatt „springen!". Die Kinder machen entsprechend andere Bewegungen mithilfe der Chiffontücher.

SILBEN-ZUGFAHRT

SILBENSPIEL

Alter ab 4 Jahren

Dazu brauchen Sie evtl. vier Markierungskegel

Die Kinder verteilen sich auf einem begrenzten Spielfeld, das Sie zuvor mithilfe von vier Markierungskegeln kennzeichnen können.
Zu Beginn darf ein Kind seinen Vornamen nennen und dabei bei jeder Silbe auf den Boden stampfen. Danach dürfen alle übrigen Kinder das Kind herbeiwinken. Das Kind sucht sich eines der Kinder aus, auf das es zugeht. Es stellt sich hinter das Kind und fasst es an den Schultern. Das neue Kind darf nun seinen Vornamen sagen und dabei bei jeder Silbe auf den Boden stampfen. Es geht dann im Schlepptau mit dem ersten Kind auf ein anderes zu.
Die Silben-Zugfahrt geht so lange, bis alle Kinder hintereinanderstehen.

EIN, ZWEI ODER DREI SILBEN?

SILBENZÄHLSPIEL

Alter ab 5 Jahren

Dazu brauchen Sie Kreide oder sechs Springseile, 1 Handtrommel, evtl. 4 Markierungskegel

Auf einem übersichtlichen Spielfeld, das Sie mithilfe von vier Markierungskegeln kennzeichnen können, zeichnen Sie zuerst einen einzelnen Silbenbogen und mit genügend Abstand noch zwei und drei Silbenbogen auf den Boden. Alternativ können Sie sechs Springseile auf dem Spielfeld anordnen, also ein Seil, zwei Seile und drei Seile in Bogenform.
Die Kinder verteilen sich am Spielfeldrand. Während Sie nun z. B. „Ap-fel-mus!" sagen und dabei bei jeder Silbe trommeln, können die Kinder die Anzahl der Silben bestimmen und zu den drei Silbenbogen laufen.

Stehen alle Kinder vor dem Silbenbogen mit der richtigen Anzahl, fängt eine neue Spielrunde an. Sagen Sie nun einen neuen Begriff mit maximal drei Silben wie „Tee-kan-ne!“.
Auf diese Weise finden noch weitere Spielrunden zum Silbenzählen statt.

WEISST DU, WAS ICH MACHE?

WORTERKENNUNGSSPIEL

Alter **ab 4 Jahren**

Die Kinder bilden einen Kreis. Eines der Kinder begibt sich in die Kreismitte und tut z. B. so, als ob es ein Bild malen würde. Während es das Verb „malen!“ sagt, macht es bei jeder Silbe eine kurzen Pause. Die Gruppe soll nun das gesuchte Wort erkennen und laut „malen!“ rufen.
Danach ist ein anderes Kind in der Kreismitte, das so tut, als würde es kochen oder Ähnliches. Passend dazu sagt es dann so wie das vorherige Kind „ko-chen“.
Wiederholen Sie das Spiel so lange, wie die Kinder Lust haben, neue Wörter zu erkennen.

KAISER, WIE VIELE SILBEN GIBST DU MIR?

SILBENZÄHLSPIEL

Alter **ab 5 Jahren**

Das Spiel verläuft so ähnlich wie das altbekannte Spiel „Kaiser, wie viele Schritte gibst du mir?“ Dementsprechend spielen Sie nun den Kaiser oder die Kaiserin und stellen sich mit dem Rücken zur Wand. Die Kinder positionieren sich Ihnen gegenüber in einer Linie.
Das erster Kind in der Reihe sagt z. B. „Autobahn!“ und fragt nun:

„Kaiser, wie viele Silben gibst du mir?“

Daraufhin klatschen sie für jede Silbe des genannten Wortes in die Hände, während sie es laut aussprechen. Das Kind, das die Frage gestellt hat, soll nun die Anzahl der Silben herausfinden und entsprechend viele Schritte nach vorne gehen.
Danach überlegt sich das zweite Kind ein neues, möglichst langes Wort und fragt genauso nach der Anzahl der Silben. Nennen Sie ein neues Wort. Konnte das Kind die Anzahl der Silben zählen, darf es passend dazu drei Schritte nach vorne gehen.
Welches Kind wird als Erstes bei Ihnen ankommen?

So komme ich zu dir

Worterkennungsspiel

Alter **ab 5 Jahren**

Alle Kinder finden sich in einem Stehkreis zusammen. Ein beliebiges Kind fängt an und krabbelt z. B. auf allen Vieren in Richtung eines anderen Kindes. Passend dazu sagt die Gruppe laut „Krab-beln!".

Dabei klatschen alle Kinder bei jeder Silbe in die Hände. Wenn das krabbelnde Kind sein Ziel erreicht hat, darf dieses Kind das Wort benennen, indem es „Krabbeln!" sagt. Danach wechseln beide ihre Plätze. Das Kind, das nun im Innenkreis steht, kann jetzt z. B. mit beiden Armen schnelle Schwimmbewegungen machen und dabei in Richtung eines Kindes laufen. Dementsprechend sagt die Gruppe dann „Schwim-men!". Dabei klatschen alle Kinder wieder bei jeder Silbe in die Hände. Sobald das Kind sein Ziel erreicht hat, sagt es laut „Schwimmen!".

Auf diese Weise finden noch ein paar Durchgänge statt.

Wie viele Silben hat das Wort?

Silbenzählspiel

Alter **ab 5 Jahren**

Die Kinder sitzen zusammen in einem Stuhlkreis. Zu Beginn nennen Sie den Kindern einen Begriff, z. B. „Autobahn!". Auf Ihr Signal hin dürfen die Kinder den Begriff wiederholen und dabei bei jeder Silbe in die Luft springen. Wer kann die Anzahl der Silben benennen? Teilen Sie anschließend der Gruppe einen neuen Begriff mit. Die Kinder wiederholen den Begriff und springen dabei bei jeder Silbe in die Luft. Auf diese Weise finden noch ein paar Durchgänge statt.

WAS SOLLEN WIR MACHEN?

WORTERKENNUNGSSPIEL

Alter ab 5 Jahren

Dazu brauchen Sie 1 Handtrommel, evtl. 4 Markierungskegel

Die Kinder verteilen sich auf einem überschaubaren Spielfeld, das Sie zuvor mithilfe von vier Markierungskegeln kennzeichnen können.
Danach benennen Sie eine Bewegungsart und machen dabei bei jeder Silbe eine kurze Pause. Dabei können Sie z. B. „Hüp-fen!" sagen. Wer weiß, wie das Wort richtig ausgesprochen heißt? Sobald eines der Kinder „Hüpfen!" ruft, dürfen alle so lange auf dem Spielfeld herumhüpfen, bis Sie einmal kräftig trommeln. Daraufhin bleiben alle Kinder sofort stehen und warten darauf, welche Bewegungsart Sie nun benennen.
Auf diese Weise finden noch ein paar Durchgänge statt.

Weitere Beispiele:
Sprin-gen, lau-fen, schlei-chen, krab-beln, jog-gen, ...

WÜRFELN UND SCHWINGEN

SILBENZÄHLSPIEL

Alter ab 4 Jahren

Dazu brauchen Sie 1 Chiffontuch für jedes Kind, 1 großer Schaumstoffwürfel

Die Kinder holen sich jeweils ein Chiffontuch und setzen sich in einen Stuhlkreis. Ein beliebiges Kind erhält von Ihnen einen großen Schaumstoffwürfel, mit dem es in Richtung Kreismitte würfelt. Wurde z. B. eine Vier gewürfelt, dann zählen die Kinder bis vier und schwingen dabei bei jeder Silbe bzw. Zahl ihr Chiffontuch hin oder her.
Danach darf das Kind würfeln, das links vom ersten Kind sitzt.
Auf diese Weise geht es weiter, bis alle Kinder einmal würfeln konnten.

ALLE MEINE ENTCHEN

SINGSPIEL

Alter ab 3 Jahren

Dazu brauchen Sie 1 Kissen für jedes Kind

Alle Kinder bis auf eines setzen sich auf Kissen in einen Kreis. Das übrige Kind geht im Innenkreis herum und macht mit den Armen Schwimmbewegungen. Dabei singen alle das altbekannte Kinderlied „Alle meine Entchen".

„Alle meine Entchen
schwimmen auf dem See,
schwimmen auf dem See.
Köpfchen in das Wasser,
Schwänzchen in die Höh'."

Bei „Köpfchen in das Wasser" bleibt das Kind stehen. Es setzt sich auf den Boden und strampelt mit den Füßen in der Luft. Ist die Strophe beendet, darf das Kind aufstehen und ein anderes in den Innenkreis bitten. Daraufhin fragen Sie die Kinder, wie viele Entchen sich nun im Innenkreis befinden. Dabei klatschen sie bei jeder Silbe der Antwort in die Hände, also „Zwei Kin-der".
Danach fängt das Singspiel mit den zwei Entchen bzw. Kindern im Innenkreis von vorne an. Wenn sich acht Kinder im Innenkreis befinden, ist das Spiel vorbei.

SUMM, SUMM, SUMM!

SINGSPIEL

Alter **ab 3 Jahren**

Alle Kinder, mit Ausnahme von drei oder vier, sitzen zusammen in einem Stuhlkreis. Die ausgewählten Kinder stellen sich in den Innenkreis und machen mit ihren Armen Flügelbewegungen, während alle die erste Strophe des altbekannten Kinderliedes „Summ, Summ, summ, Bienchen, summ herum" singen. Dabei patschen sie bei jeder Silbe auf ihre Oberschenkel:

„Summ, summ, summ,
Bienchen, summ herum!
Ei, wir tun dir nichts zu Leide,
flieg' nur aus in Wald und Heide.
Summ, summ, summ,
Bienchen, summ herum!"

Im Anschluss daran tauschen die Kinder im Innenkreis ihren Platz mit dem ihnen jeweils gegenübersitzenden Kind im Stuhlkreis. Das Singspiel wird so lange wiederholt, bis alle Kinder einmal im Innenkreis eine Biene darstellen konnten.

WER WILL FLEISSIGE HANDWERKER SEHN

SINGSPIEL

Alter **ab 5 Jahren**

Die Kinder bilden einen Stuhlkreis und singen die ersten Zeilen des volkstümliches Liedes „Wer will fleißige Handwerker sehen“.

„Wer will fleißige Handwerker sehn,
der muss zu uns Kindern gehn!“

Daraufhin darf ein von Ihnen ausgewähltes Kind sagen, was es gerade macht, z. B. „Wände streichen!“, „Ein Kleid nähen!“ oder „Ein Dach decken!“, und dabei bei jeder Silbe in die Hände klatschen.
Bevor sein linkes Nachbarskind auf die gleiche Weise eine handwerkliche Tätigkeit benennt, singen alle wieder die oben genannten Liedzeilen.
Auf diese Weise geht es immer weiter, bis das erste Kind wieder an der Reihe ist.

ES WAR EINMAL EIN SCHLIMMER HUSTEN

GEDICHT

Alter ab 5 Jahren

Die Kinder bilden einen engen Stuhlkreis. Dabei legt jedes Kind seine linke Hand auf den rechten Oberschenkel seines linken Nachbarkindes und die rechte Hand auf den linken Oberschenkel des rechten Nachbarkindes.
Während Sie nun das alte Gesicht „Es war einmal ein schlimmer Husten" von Joachim Ringelnatz vorlesen, klatschen die Kinder bei jeder Silbe jeweils auf die Oberschenkel ihres Nachbarkindes.

„Es war einmal ein schlimmer Husten,
der hörte gar nicht auf zu pusten.
Zwar kroch er hinter eine Hand,
was jedermann manierlich fand.
Und doch hat ihn der Doktor Lieben
mit Liebens Malzbonbon vertrieben."

Im Anschluss daran dürfen die Kinder vor Freude in die Hände klatschen.

WILLKOMMEN, LIEBER FRÜHLING!

GEDICHT

Alter ab 4 Jahren

Dazu brauchen Sie 1 Chiffontuch für jedes Kind

Zu Beginn holt sich jedes Kind ein Chiffontuch und setzt sich mit den anderen in den Stuhlkreis. Während Sie die erste Strophe des Gedichtes von Hoffmann von Fallersleben mehrmals hintereinander vorlesen, dürfen die Kinder stets bei dem Begriff „Frühling!", der hier fett gedruckt ist, bei jeder Silbe ihr Tuch direkt vor ihrem Oberkörper hin- oder herschwingen.

„Sei willkommen, lieber **Frühling!**
Sei gegrüßt viel tausendmal!
Lieber **Frühling,** bleib recht lange,
lang' in unserm stillen Tal."

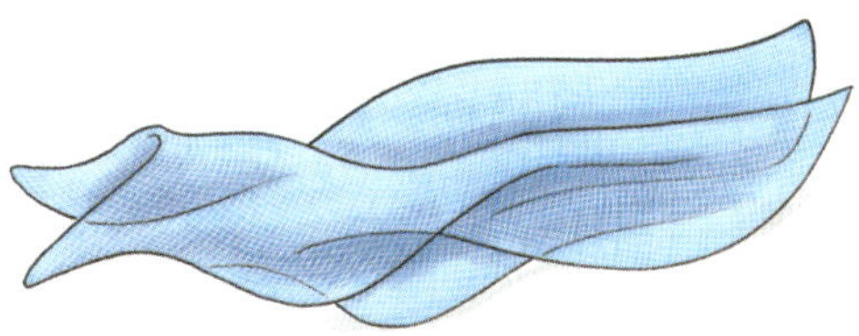

DAS HEXENEINMALEINS

GEDICHT

Alter **ab 5 Jahren**

Die Kinder stellen sich in einen Kreis und dürfen bei jeder Silbe der fettgedruckten Zahlen, die im Gedicht „Das Hexen-Einmal-Eins“ von Johann Wolfgang von Goethe vorkommt, in die Hände klatschen. Eine Ausnahme bilden die Zahlen Zehn, Sechs, Acht und die letzte Eins, bei denen Sie bei jeder Silbe auf den Boden stampfen. Die Kinder wiederholen jede Zeile und klatschen oder stampfen genauso bei jeder Silbe.

„Du musst verstehen!
Aus **Eins** mach **Zehn**
und **Zwei** lass gehn
und **Drei** mach gleich,
so bist du reich!
Verlier' die **Vier**!
Auf **Fünf** und **Sechs**
so sagt die Hex,
mach' **Sieben** und **Acht**:
So ist's vollbracht;
Und **Neun** ist **Eins**
und **Zehn** ist keins.
Das ist das Hexen-Einmal-Eins!“

Regenwetter

Gedicht

Alter **ab 4 Jahren**

Während die Hälfte der Kinder gemütlich zusammen im Kreis sitzt und die andere Hälfte hinter jeweils einem Kind im Außenkreis steht, lesen Sie das Gedicht „Regenwetter" von Friedrich Halm vor. Sobald der fett gedruckte Begriff „Regenwetter" in irgendeiner Form auftaucht, tippen die Kinder im Außenkreis mit ihren Fingerspitzen bei jeder Silbe auf den Kopf der vor ihnen sitzenden Kinder.

„Was ist das für ein Wetter heut!
Es **regnet** ja wie toll!
Die Straße ist ein großer See,
die Gosse übervoll.

Der Sperling duckt sich unters Dach,
so gut er eben kann,
und Karo liegt im Hundehaus
und knurrt das Wetter an.

Wir aber haben frohen Mut
und sehn dem **Regen** zu,
erzählen uns gar mancherlei
daheim in guter Ruh.

Lass **regnen**, was es **regnen** will!
Lass allem seinen Lauf!
Und wenn's genug **geregnet** hat,
so hört's auch wieder auf."

Im Anschluss daran findet ein Rollenwechsel statt, sodass das Ganze von vorne anfängt.

HERR LÖFFEL UND FRAU GABEL

GEDICHT

Alter ab 4 Jahren

Die Kinder sitzen in einem Stuhlkreis, den Sie in zwei gleich große Hälften aufteilen. Die Kinder der einen Kreishälfte spielen den Löffel und klatschen bei jeder Silbe, sobald der Begriff „Löffel!" erwähnt wird, in die Hände. Die zweite Gruppe ist für die Gabel zuständig und klatscht bei jeder Silbe auf ihre Oberschenkel.
Sobald Sie das Messer erwähnen, stampfen nur Sie bei jeder Silbe auf den Boden. Wissen alle, was zu tun ist, lesen Sie das Gedicht von Christian Morgenstern vor:

„Herr **Löffel** und Frau **Gabel**,
die stritten sich einmal.
Der **Löffel** sprach zur **Gabel**:
‚Frau **Gabel**, halt den Schnabel,
du bist ja bloß aus Stahl!'

Frau **Gabel** sprach: ‚Herr **Löffel**,
ihr seid ein großer Töffel
mit eurem Gesicht aus Zinn,
und wenn ich euch zerkratze
mit meiner Katzentatze,
so ist die Schönheit hin!'

Das Messer lag daneben
und lachte: ‚Gut gegeben!'
Der **Löffel** aber fand:
Mit Herrn und Fraun aus Eisen
ist nicht gut Kirschen speisen,
und küsste Frau **Gabel** galant –
die Hand."

KAPITEL 6

WIR SPRECHEN LANGSAM & DEUTLICH

Spiele zum Erkennen von Selbst- und Mit- sowie An- und Endlauten

Sprache ist nur durch Lautbildung möglich. Gerade jüngere Kinder werden oftmals schwer verstanden, da sie noch nicht alle Laute korrekt aussprechen können. Dementsprechend beinhaltet dieses Kapitel nun vielfältige Praxisideen zur Unterstützung der korrekten Lautbildung und um das Interesse an Buchstaben zu wecken. Auf verspielte Weise lernen die Kinder hier bewusst Selbstlaute kennen, den Anlaut oder Endlaut von einem bestimmten Wort zu erkennen und vieles mehr.

A, E, I, O, U

SELBSTLAUTSPIEL

Alter **ab 5 Jahren**

Dazu brauchen Sie **1 kleiner Spiegel, Vokale (z. B. aus Pappe)**

Heute lernen die Kinder die Selbstlaute A, E, I, O und U kennen. Dafür finden sie sich in einem Sitzkreis zusammen. Zeigen Sie den Kindern nun den auf Pappe aufgeschriebenen Buchstaben „A", den alle der Reihe nach links im Kreis herum benennen. Geben Sie dazu einen kleinen Handspiegel reihum, sodass sich die Kinder bei der Aussprache des Mundes betrachten können. Wie ist die Mund- und die Zungenstellung bei der Aussprache des Selbstlauts?
Gehen Sie mit den weiteren Vokalen ebenso vor.

Was können die Kinder bei diesem Spiel sehen?

„A": Der Mund ist weit geöffnet. Die Zunge liegt flach im Mund.
„E": Der Mund wird breitgezogen. Die Zähne liegen nahe beieinander und die Zunge hinter den unteren Schneidezähnen.
„I": Die Mundwinkel werden nach oben gezogen. Dabei drückt die Zunge gegen die oberen Backenzähne.
„O": Die Lippen sind gerundet. Dabei bleibt zwischen den oberen und unteren Vorderzähnen ein kleiner Abstand.
„U": Der Mund wird rund und ist leicht geöffnet. Die Zunge wölbt sich nach hinten.

Wissen die Kinder Bescheid, worauf sie achten sollen, dann heben Sie einen Buchstaben aus Pappe in die Luft. Wer weiß, wie der Buchstabe heißt und somit auch richtig ausgesprochen wird? Die betreffenden Kinder stehen rasch auf und teilen ihre Antwort mit. Zur Kontrolle sprechen Sie den gesuchten Selbstlaut aus.
Auf diese Weise wird das Spiel auch mit den anderen Buchstaben fortgesetzt.

AUF DER SPUR DER SELBSTLAUTE

SELBSTLAUTSPIEL

Alter ab 3 Jahren

Dazu brauchen Sie 1 Handspielpuppe (Schnecke)

Die Kinder sitzen in einem engen Stuhlkreis und erfahren heute auf spielerische Weise mehr über die fünf Selbstlaute A, E, I, O und U. Um die Kinder bei der Übung zu unterstützen, verwenden Sie am besten eine Handspielpuppe, z. B. eine Schnecke, die die Kinder zum langsamen und deutlichen Sprechen animieren soll.
Zu Beginn begeben Sie sich mit der Schnecke direkt vor ein Kind im Innenkreis. Während Sie nun den Mund der Schnecke öffnen, sagen Sie laut und deutlich „A!". Das Kind vor Ihnen wiederholt den Selbstlaut. Anschließend rutschen alle Kinder einen Platz nach links. Wiederholen Sie den Vorgang mit dem nächsten Kind, das nun vor ihnen sitzt.
Das Spiel mit der Schnecke geht so weiter, bis das erste Kind wieder vor Ihnen sitzt.
Auf diese Weise lernen die Kinder mithilfe der Schnecke auch die übrigen vier Selbstlaute der Reihe kennen.

E WIE ENTE

SELBSTLAUTSPIEL

Alter ab 5 Jahren

Dazu brauchen Sie 1 Softball, diverse kleine Gegenstände, die mit einem Vokal beginnen (z. B. Auto, Ente, Igel, Osterei, Uhr)

Die Kinder bilden einen großen Kreis, in dessen Mitte Sie die oben erwähnten Gegenstände auf den Boden legen. Eines der Kinder erhält von Ihnen den Softball. Während Sie nun z. B. „Ente!" sagen und dabei den Anlaut betonen, soll das Kind den Anlaut, der in diesem Fall „E!" lautet, benennen. Konnte das Kind die richtige Antwort geben, dann darf es den Ball einem anderen Kind zuwerfen und einen anderen Gegenstand, der sich im Innenkreis befindet, benennen. Dabei betont es ebenfalls den Anlaut. Konnte das Kind den Anlaut benennen, geht das Spiel weiter, indem der nächste Gegenstand aus dem Kreis ausgewählt wird.

ACHTUNG! ENDE! ABSCHLUSS!

ANLAUTSPIEL

Alter ab 4 Jahren

Dazu brauchen Sie 1 Handtrommel, evtl. 4 Markierungskegel

Alle Kinder mit Ausnahme von einem gehen auf Zehenspitzen auf einem übersichtlichen Spielfeld herum, das Sie zuvor mithilfe von vier Markierungskegeln kennzeichnen können. Das übrige Kind holt sich eine Handtrommel und begibt sich in die Mitte des Spielfelds. Dort angekommen, sagt es irgendwann:

„Achtung! Ende! Abschluss!"

Dabei betont es bei jedem Wort den Anfangsbuchstaben und trommelt dabei laut. Bei dem letzten Wort sollen dann alle Kinder in ihrer angefangenen Bewegung verharren. Das Kind übergibt dann einem der Kinder die Trommel, das die Aufgabe besonders schnell geschafft hat.

In der nächsten Spielrunde können die Kinder nun z. B. so lange auf allen Vieren auf dem Spielfeld herumkrabbeln, bis das nächste Kind auf die gleiche Weise das Kommando erteilt.

AUF SPIELZEUGSUCHE

ANLAUTSPIEL

Alter **ab 4 Jahren**

Dazu brauchen Sie **diverse Gegenstände im Raum, die mit einem Vokal beginnen**

Zu Beginn versammeln Sie alle Kinder um sich herum und benennen etwas, das sich im Raum befindet. Der ausgesuchte Gegenstand muss einen Selbstlaut als Anfangsbuchstaben haben. Während Sie nun z. B. „Esel!“ sagen, betonen Sie den Anlaut. Die Kinder wiederholen den Namen des gesuchten Gegenstandes und machen sich anschließend auf die Suche nach dem Esel, der möglicherweise aus Holz ist und sich in der Bauecke befindet.
Danach wählen Sie einen neuen Gegenstand wie einen Apfel aus Plastik aus, der sich im Kaufmannsladen befindet. Sagen Sie langsam und deutlich „Apfel!“ und betonen dabei wieder den Anlaut, bevor die Kinder den Begriff wiederholen und sich auf die Suche nach dem Apfel begeben.
Auf diese Weise finden noch weitere Suchaktionen statt.

Hopp, hopp in den Reifen

ANLAUTSPIEL

Alter ab 4 Jahren

Dazu brauchen Sie 1 Gymnastikreifen für jedes Kind

Die Kinder holen sich Gymnastikreifen, die sie kreisförmig anordnen. Jedes Kind stellt sich im Außenkreis direkt vor seinem Gymnastikreifen auf.
Auf los geht's los! Rufen Sie nun ein beliebiges Kind auf, indem sie den Anlaut seines Vornamens benennen. Das betreffende Kind darf nun in seinen Reifen springen. Rufen Sie nun das nächste Kind auf. Sollte ein Kind einmal nicht richtig reagieren, muss es auf seinen Platz vor dem Reifen zurückkehren.
Das Hüpfspiel geht so lange, bis alle Kinder in ihren Reifen stehen.

HINWEIS Sollten die Vornamen von mehreren Kindern den gleichen Anlaut haben, dann dürfen sie gleichzeitig in ihre Reifen springen.

TIERBEGEGNUNGEN

ANLAUTSPIEL

Alter **ab 4 Jahren**

Dazu brauchen Sie **1 Handtrommel, evtl. 4 Markierungskegel**

Die Kinder verteilen sich auf einem überschaubaren Spielfeld, das Sie zuvor durch vier Markierungskegel kennzeichnen können.
Zum Rhythmus Ihres Trommelspiels laufen alle Kinder vergnügt auf dem Spielfeld herum, bis sie das Trommeln beenden. Danach benennen Sie eine bestimmte Tierart, z. B. einen Tiger. Betonen Sie vor allem den Anfangsbuchstaben, indem Sie laut und deutlich ein plosives „T!“ und nicht „Te!“ sagen. Die Kinder dürfen nun den Anlaut herausfinden und dann das Tier darstellen, indem sie sich gegenseitig ihre „Krallen“ zeigen, mit den Zähnen fletschen und zusammen toben.
Wenn Sie erneut trommeln, startet eine neue Spielrunde.

TIERISCH GUTE PANTOMIME

ANLAUTSPIEL

Alter ab 4 Jahren

Die Kinder finden sich in einem Stuhlkreis zusammen. Ein Kind, das gerne möchte, darf sich in die Kreismitte begeben. Dort angekommen, flüstern Sie dem Kind eine bestimmte Tierart ins Ohr, die mit einem Selbstlaut beginnt. Das kann z. B. ein Affe sein.
Während das Kind in der Mitte nun so tut, als ob es auf einen Baum klettern oder eine Banane essen würde, sagen Sie mehrmals den Anlaut, der in diesem Fall „A!" lautet. Die übrigen Kinder tun es Ihnen gleich und sollen anhand der Gebärden, Körperbewegungen, Mimik und Gestik sowie des Anlautes die gesuchte Tierart bzw. den Affen erraten. Das Kind in der Mitte tauscht seinen Platz mit einem anderen Kind, dem Sie eine weitere Tierart, die mit einem Selbstlaut beginnt, ins Ohr flüstern. Das können z. B. Esel, Igel, Otter oder Uhu sein.
Während das Kind das Tier darstellt, benennen Sie wieder den dazugehörigen Anlaut.
Auf diese Weise finden noch weitere Spielrunden zum genauen Hinhören und Raten statt.

HINHÖREN UND LOSLAUFEN

ANLAUTSPIEL

Alter ab 5 Jahren

Dazu brauchen Sie 5 bis 6 Gegenstände mit verschiedenen Anlauten, z. B. 1 Auto, 1 Ball, 1 Puppe, 1 Reifen, 1 Kegel, evtl. 4 Markierungskegel

In einem überschaubaren Spielfeld, das Sie mithilfe von vier Markierungskegeln kennzeichnen können, verteilen Sie ein paar Sachen, die mit jeweils einem anderen Buchstaben beginnen.
Die Kinder verteilen sich auf dem Spielfeldrand.
Sobald Sie z. B. „P!" und nicht „Pe!" sagen, laufen die Kinder los, um einen dazu passenden Gegenstand zu suchen. Jedes Kind stellt sich vor seinen ausgewählten Gegenstand, bevor sie das Rätsel lösen und „Puppe!" sagen.
Danach folgen weitere Spielrunden, bei denen die Kinder sich erst einmal wieder auf dem Spielfeldrand verteilen, bevor Sie einen weiteren Anlaut benennen.
Erst wenn alle Gegenstände an der Reihe gewesen sind, ist das Spiel beendet.

UNSINNSWÖRTER

ANLAUTSPIEL

Alter ab 5 Jahren

Alle Kinder sitzen in einem engen Stuhlkreis und sollen bei diesem Spiel herausfinden, welcher Anlaut der richtige ist. Dafür sagen Sie jetzt z. B. ein Wort wie „Pall!". Erkennt eines der Kinder das gesuchte Wort und weiß, wie der richtige Anlaut des Wortes heißt, dürfen alle Kinder einen Platz nach links rutschen. Nennen Sie nun ein anderes lustiges Wort und sagen „Lutsche!" Kann jemand ein richtiges Wort sagen wie „Kutsche!" oder „Rutsche!" und entsprechend den richtigen Anlaut? Wurde die Aufgabe richtig erfüllt, rutschen alle erneut einen Platz nach links.
Auf diese Weise geht es so lange, bis alle wieder so wie zu Beginn im Stuhlkreis sitzen.

WELCHER VORNAME BEGINNT MIT ...

ANLAUTSPIEL

Alter ab 5 Jahren

Alle Kinder sitzen zusammen in einem Kreis. Schauen Sie sich in der Runde um und sagen dabei z. B.:

„Ich bin auf der Suche nach Kindern, deren Vorname mit A beginnt!"

Alle betreffenden Kinder springen von ihren Stühlen auf, hüpfen einmal in die Luft und geben sich somit zu erkennen. Zur Kontrolle dürfen sie der Reihe nach sagen, wie sie heißen. Wählen Sie nun den nächsten Anfangsbuchstaben aus.
Das Spiel ist aus, sobald alle Kinder vor ihren Stühlen stehen.

DER ENDLAUT HEISST ...

ENDLAUTSPIEL

Alter ab 5 Jahren

Dazu brauchen Sie 1 Turnbank

Alle Kinder stehen direkt vor einer Turnbank. Sie stellen sich Ihnen gegenüber hinter die Bank. Erklären Sie den Kindern, dass sich das Ende von manchen Wörtern ziemlich gleich anhören kann. Wie kann man also Endlaute unterscheiden, die ähnlich klingen, z. B. d und t, b und p, g und k? Um das herauszufinden, dürfen sie bei dem folgenden Fingerspiel einfach ein Nomen in der Mehrzahl und dann in der Einzahl nennen. Das Beispiel „Hund" zeigt in der Mehrzahl „Hunde", dass es sich bei dem Laut um ein d und nicht ein t handeln muss. Laden Sie die Kinder zu einem kleinen Fingerspiel ein, das die Endlautsuche spielerisch begleitet.

„Der Erste sagt: Hunde und Hund.
Wie lautet der Endlaut von Hund? Antwort: D
Eine Faust bilden und den Daumen ausstrecken

Der Zweite sagt: Elefanten und Elefant.
Wie lautet der Endlaut von Elefant? Antwort: T
Daumen und Zeigefinger ausstrecken

Der Dritte sagt: Körbe und Korb.
Wie lautet der Endlaut von Korb? Antwort: B
Daumen, Zeige- und Mittelfinger ausstrecken

Der Vierte sagt: Laptops und Laptop.
Wie lautet der Endlaut von Laptop? Antwort: P
Daumen, Zeige-, Mittel- und Ringfinger ausstrecken

Der Fünfte sagt: Erfolge und Erfolg.
Wie lautet der Endlaut von Erfolg? Antwort: G
Alle fünf Finger ausstrecken und bis zum Schluss herzeigen

Alle Fünf sagen: Bänke und Bank.
Wie lautet der Endlaut von Bank? Antwort: K
Und wer sitzt jetzt schnell auf der Bank?"

Am Schluss dürfen sich alle Kinder blitzschnell auf die Turnbank im Kreis setzen.

AUF DER SPUR DES ENDLAUTS

ENDLAUTSPIEL

Alter **ab 5 Jahren**
Dazu brauchen Sie **1 Softball**

Lassen Sie die Kinder einen Stuhlkreis bilden, holen Sie sich einen Ball und stellen sich mit diesem in die Kreismitte. Nun sagen Sie den Namen eines beliebigen Kindes und betonen dabei den Endlaut. Sollte es sich um einen Konsonanten handeln, sprechen Sie ihn z. B. wie ein „T!" oder „M!" aus und nicht „Te!" oder „Em!". Das betreffende Kind darf dann sagen, wie der Endlaut seines Vornamens lautet. Wurde die richtige Antwort gegeben, werfen Sie dem Kind den Ball zu und tauschen mit ihm auf einem Bein hüpfend den Platz. Das Kind in der Mitte ruft nun ein anderes Kind auf und wiederholt das Endlautspiel mit ihm.
Das Spiel ist aus, sobald alle Kinder an der Reihe waren.

ACHTET AUF DEN ENDLAUT

ENDLAUTSPIEL

Alter **ab 5 Jahren**

Stellen Sie im Stuhlkreis einen Stuhl weniger auf, als Kinder da sind. Das Kind ohne Stuhl stellt sich in die Kreismitte.
Teilen Sie den Kindern einen Endlaut mit, den sie sich gut merken sollen. Danach darf das Kind verschiedene Wörter benennen. Endet eines der genannten Worte mit dem zuvor bestimmten Endlaut, tauschen alle Kinder rasch ihre Plätze. Dabei sollte auch das Kind in der Mitte möglichst schnell einen freien Platz finden.
Das Kind, das ohne Platz bleibt oder das bei einem nicht dazu passenden Begriff fälschlicherweise aufspringt, tauscht mit dem Kind in der Mitte die Position. Danach benennen Sie einen weiteren Endlaut und das Spiel beginnt von vorne.

WER ERKENNT DEN ENDLAUT?

ENDLAUTSPIEL

Alter **ab 5 Jahren**

Dazu brauchen Sie **jede Menge Murmeln**

Finden Sie sich mit den Kindern in einem Stuhlkreis zusammen. Nennen Sie nun einen Gegenstand und betonen dabei dessen Endlaut. Die Kinder, die glauben, den Endlaut zu kennen, springen auf und stellen sich direkt vor ihren Stuhl. Der Reihe nach dürfen sie nun sagen, wie der Endlaut ihrer Meinung nach heißt. Haben die Kinder richtig geantwortet, erhalten sie jeweils eine Murmel.
Sobald alle wieder sitzen, beginnt eine neue Spielrunde.
Auf diese Weise finden noch weitere Durchgänge statt. Wer hat am Ende des Spiels die meisten Murmeln?

WÖRTER VERLÄNGERN

ENDLAUTSPIEL

Alter **ab 5 Jahren**

Die Kinder bilden einen Stuhlkreis. Sie wählen nun ein Nomen aus, das z. B. mit einem b endet. Sagen Sie z. B. „Kalb!" und betonen Sie den Endlaut. Wer kann das Nomen durch Mehrzahlbildung in „Kälber!" verlängern? Die betreffenden Kinder springen von ihren Stühlen auf und melden sich dann der Reihe nach zu Wort. Wurde die richtige Antwort genannt, sagen alle nochmals „Kalb!" mit einem betonten Endlaut. Hören die Kinder den Unterschied zwischen b und p? Wer weiß nun, wie der Endlaut heißt? Dabei können auch die Kinder, die noch im Kreis sitzen, von ihren Stühlen aufspringen und ebenfalls eine Antwort geben. Wurde die richtige Antwort gegeben, wählen Sie weitere Substantive aus, z. B. „Krug!" – „Krüge!" oder „Kleid!" – „Kleider!". Hören die Kinder den Unterschied zwischen k und g oder d und t?
Das Spiel kann so noch ein paarmal weitergeführt werden.

KAPITEL 7

WIR MACHEN EINE WORTREISE

Spiele zum Aufbau des Wortschatzes und zur Förderung der Grammatik

Ohne Wortschatz kann kein Dialog entstehen. Ohne Wörter können Kinder nicht über das sprechen, was sie brauchen und was sie innerlich bewegt.
Den Wortschatz festigen und erweitern sowie Grammatik verbessern steht im Zentrum des siebten und letzten Kapitels. Dabei werden die Kinder nicht nur zum Mitmachen, sondern auch zum freien Sprechen angeregt. Auf spielerische Weise lernen sie so auch wichtige Wortarten kennen, z. B. Nomen in Ein- und Mehrzahl, Verben und Artikel.

AUGEN, MUND, OHREN UND NASE

WORTSCHATZSPIEL

Alter **ab 3 Jahren**

Bilden Sie mit den Kindern einen Stuhlkreis.
Ein Kind begibt sich in die Kreismitte und sagt Folgendes:

„Augen, Mund, Ohren und Nase,
Nacheinander auf die Augen, den Mund, die Ohren und die Nase deuten
ich hüpf' zu dir wie ein Hase."

Danach hält es seine Hände hinter den Ohren hoch und hüpft wie ein Hase auf ein anderes Kind zu. Die beiden Kinder tauschen jetzt die Plätze.
Das Kind, das nun im Innenkreis steht, wiederholt den Spruch und die Handlungen und hoppelt anschließend wie ein Hase zum nächsten Kind.
Das Hasenspiel kann so noch ein paarmal fortgeführt werden.

ICH SUCHE ETWAS ROTES

WORTSCHATZSPIEL

Alter **ab 5 Jahren**

Dazu brauchen Sie **1 rundes, farbiges Faltpapier für alle Kinder**

Alle Kinder bis auf zwei bilden einen Stuhlkreis und erhalten von Ihnen jeweils ein rundes, farbiges Faltpapier, das sie für alle gut sichtbar in den Händen halten. Die zwei übrigen Kinder stellen sich in die Kreismitte und starten von dort aus das Spiel
Auf los geht's los! Benennen Sie nun laut eine Farbe. Die beiden Kinder suchen unabhängig voneinander, bis sie ein Kind finden, das einen Kreis mit der genannten Farbe in der Hand hält, und laufen zu diesem. Das Kind, das als Erstes bzw. als Schnellstes die Aufgabe lösen kann, tauscht mit dem betreffenden Kind den Platz und erhält dessen Farbkreis. Das andere Kind stellt sich nun in die Mitte. Sobald Sie eine weitere Farbe benennen, geht das Spiel weiter.
Das Farbenspiel kann so lange durchgeführt werden, wie die Kinder Lust haben.

VOGEL, KATZE ODER ...

WORTSCHATZSPIEL

Alter ab 3 Jahren

Die Kinder sitzen in einem Stuhlkreis. Ein Kind darf in den Innenkreis gehen. Teilen Sie nun dem Kind eine bestimmte Tierart mit, die es pantomimisch darstellen soll, z. B. Flugbewegungen mit den Armen für die Flügel. Dabei sagen alle Kinder im Kreis laut:

„Du bist ein Vogel und fliegst im Kreis herum,
irgendwann drehst du dich vielleicht nach mir um!"

Kaum ist der Satz beendet, bleibt das Kind stehen und wendet sich einem Kind zu, das sich direkt neben ihm befindet. Das betreffende Kind tauscht mit ihm den Platz und darf auf Ihre Anweisung z. B. einen Hasen spielen, indem es die Hände hinter seine Ohren hält und entlang der Kinder im Innenkreis hüpft. Dementsprechend sagen alle Kinder im Kreis laut:

„Du bist ein Hase und hüpfst im Kreis herum,
irgendwann drehst du dich vielleicht nach mir um."

Erneut sucht das Kind im Innenkreis seinen Nachfolger oder seine Nachfolgerin aus und das Spiel geht weiter.
Auf diese Weise finden noch viele Spielrunden zum Kennenlernen von Tieren und deren Bewegungsarten statt.

SOUVENIRS

GRAMMATIKSPIEL

Alter ab 5 Jahren

Dazu brauchen Sie 6 bis 8 kleine Gegenstände (z. B. Puppe, Spielzeugauto, Bauklotz, Wachsmalstift, Becher, Stift), evtl. 4 Markierungskegel

Auf einem überschaubaren Spielfeld, das Sie durch vier Markierungskegel kennzeichnen können, verteilen Sie ein paar kleine Gegenstände.
Danach stellen sich die Kinder hintereinander auf und halten das vor Ihnen stehende Kind an den Schultern fest.
Während nun alle Kinder als Schlange auf dem Spielfeld herumlaufen, sagen Sie Folgendes:

„Wir machen eine Reise. Was nimmst du mit?"

Daraufhin bleiben alle Kinder stehen. Das vorderste Kind hebt etwas vom Boden auf, das sich in seiner Nähe befindet, z. B. ein Buch. Es hält das Buch hoch in die Luft und sagt laut:

„Ich nehme ein Buch mit!" (oder „Ich nehme ein dickes Buch mit!")

Sollte das Kind den Satz grammatikalisch nicht korrekt bilden können, weil es z. B. „Ich nehme eine Buch mit!" sagt, dann können Sie das Kind indirekt verbessern, indem Sie „Du meinst, du nimmst ein Buch mit!" sagen.
Unabhängig davon legt das Kind das Buch wieder auf den Boden und stellt sich hinter das letzte Kind in der Schlange.
Danach geht es von vorne los und die Kinder gehen erneut auf eine Reise. Das vorderste Kind sucht sich dann einen neuen Gegenstand aus, benennt diesen und stellt sich hinten in der Schlange an.
Das Spiel wird so lange weitergeführt, bis alle Kinder an der Reihe gewesen sind.

WAS HAST DU IN DER HAND?

GRAMMATIKSPIEL

Alter ab 4 Jahren

Dazu brauchen Sie 1 Handtrommel, 1 kleinen Gegenstand für jedes Kind (z. B. Wachsmalstift, Dose, Teddybär, Papier)

Die Kinder holen sich jeweils einen kleinen Gegenstand und finden sich dann in einem Stehkreis zusammen.
Spielen Sie nun die Handtrommel. Zu jedem Trommelschlag wandern die Gegenstände von Hand zu Hand links im Kreis herum. Sobald Sie mit dem Trommeln aufhören, behalten alle Kinder das, was sie gerade in den Händen halten.
Ein Kind, das gerne anfangen möchte, benennt nun seinen Gegenstand, indem es etwa sagt:

„Ich habe einen Becher!" (oder „Ich habe einen kleinen Becher!")

Wurde der Satz grammatikalisch richtig formuliert, dann ist das nächste Kind im Kreis an der Reihe. Es darf nun ebenfalls in einem vollständigen Satz sagen, was es gerade in den Händen hält.
Auf diese Weise geht es so lange, bis alle Kinder an der Reihe waren.
Danach fängt eine neue Spielrunde an, bei der die Kinder wieder zu jedem Trommelschlag die Gegenstände links im Kreis herumreichen.

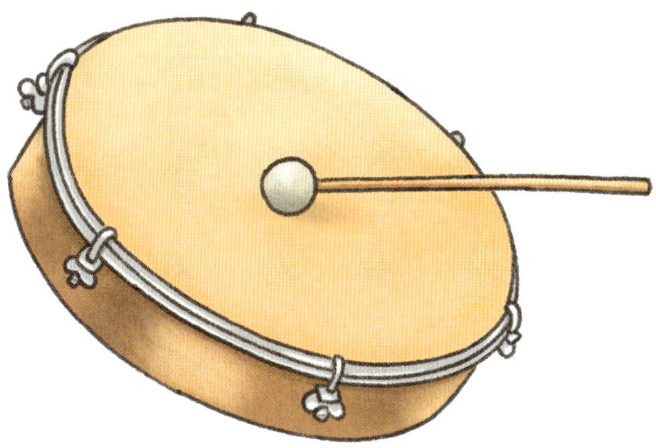

EIN ELEFANT, VIELE ELEFANTEN

PLURALSPIEL

Alter **ab 4 Jahren**

Alle Kinder mit Ausnahme von einem stehen im Kreis. Das übrige Kind begibt sich in die Kreismitte und beginnt von dort aus das Spiel: Es überlegt sich ein Tier und stellt z. B. einen Elefanten dar, indem es sich mit der linken Hand an die Nase fasst und durch den entstandenen Ring den Unterarm streckt. Passend dazu sagt es laut „Ein Elefant!". Daraufhin ahmen alle Kinder im Kreis das, was das Kind gerade vormacht, nach. Dabei sagen sie laut „Viele Elefanten!".
Das Kind in der Mitte wechselt dann den Platz mit einem anderen Kind aus dem Kreis. Das ausgewählte Kind startet das Spiel, indem es sich ein neues Tier überlegt und passend dazu Bewegungen macht und den Namen sagt. Die anderen Kinder machen alles nach und bilden die Mehrzahl.
Auf diese Weise finden noch ein paar tierisch gute Spielrunden zur Mehrzahlbildung statt.

DER, DIE ODER DAS?

ARTIKELSPIEL

Alter **ab 5 Jahren**

Dazu brauchen Sie **1 Softball, 1 Wurfscheibe, 1 Kissen**

Die Kinder bilden einen großzügigen Stehkreis. Ein beliebiges Kind erhält von Ihnen z. B. einen Softball. Daraufhin soll es den Gegenstand und den dazugehörigen Artikel benennen, indem es „Der Ball!" sagt. Danach wirft es diesen einem anderen Kind zu oder gibt diesen nach Wunsch auch nur weiter. Das Kind wiederholt den Begriff und wirft den Gegenstand weiter.
Wenn alle Kinder an der Reihe gewesen sind, nehmen Sie einen weiteren Gegenstand, der nach dem gleichen Prinzip durch den Kreis geht.

ICH PACKE MEINEN PICKNICKKORB …

ARTIKELSPIEL

Alter ab 5 Jahren

Dazu brauchen Sie 1 leerer Korb, Puppengeschirr, Spielzeug-Lebensmittel (z. B. aus dem Kinderkaufmannsladen), 1 Stoppuhr

Die Kinder sitzen im Kreis und jedes Kind erhält von Ihnen etwas, das in den Picknickkorb gehören kann. Das kann ein Teller, eine Tasse oder ein Apfel aus Holz sein. Danach stellen sie den Picknickkorb in die Kreismitte.

Beginnen Sie nun, die Zeit zu stoppen. Das erste Kind soll nun das, was es gerade in den Händen hält, mit dem dazugehörigen Artikel benennen, also z. B. „Der Teller!" sagen. Sind alle mit der Antwort einverstanden, legt das Kind den Gegenstand in den Korb. Sollte der genannte Artikel jedoch falsch gewesen sein, muss das Kind abwarten, bis es wieder an der Reihe ist. Auf diese Weise geht es weiter, bis alle Gegenstände im Korb liegen. Halten Sie die Zeit an. Danach dürfen sich die Kinder der Reihe nach einen Gegenstand aus dem Korb holen, den sie zuvor nicht hatten, und die Runde startet erneut. Gelingt es den Kindern, dieses Mal noch schneller zu sein?

ICH BIN STARK UND KLUG

ADJEKTIVSPIEL

Alter ab 5 Jahren

Dazu brauchen Sie 1 Wollknäuel

Die Kinder sitzen gemeinsam in einem Stuhlkreis. Ein beliebiges Kind erhält von Ihnen ein Wollknäuel und beginnt das Spiel, indem es z. B. sagt:

„Ich bin glücklich!“

Danach hält es den Faden des Knäuels fest und gibt dieses an sein linkes Nachbarskind weiter. Das Nachbarskind wiederholt, was das erste Kind gesagt hat, und fügt etwas Neues hinzu:

„Ich bin glücklich und toll!“

Danach wickelt es ebenfalls ein Stück Faden ab, um dann das Knäuel nach links weiterzugeben. Das nächste Kind wiederholt nun die ersten beiden Aussagen und fügt selbst eine hinzu. Das Spiel ist beendet, sobald das erste Kind wieder das Knäuel in den Händen hält und alle Kinder mit dem Faden verbunden sind.

IST DER BALL RUND?

ADJEKTIVSPIEL

Alter ab 3 Jahren

Dazu brauchen Sie 1 Kissen für jedes Kind, 1 Softball

Die Kinder setzen sich mit einem Kissen in den Kreis. Holen Sie sich nun einen Softball und sagen Folgendes:

„Ist der Ball rund?
Ist der Ball bunt?“

Die erste Frage können alle Kinder sofort bejahen. Die zweite Frage hängt natürlich davon ab, ob der Ball tatsächlich bunt oder einfarbig ist. Unabhängig davon rollen Sie den Ball dann einem Kind zu und fragen z. B.:

„Ist der Ball weich?“

Handelt es sich um einen Softball, dann wird das Kind die Frage bejahen. Wurde die Frage richtig beantwortet, rollt es Ihnen den Ball wieder zu. Mit einer weiteren Frage rollen Sie den Ball daraufhin zu einem neuen Kind, das die Frage beantworten kann.
So geht es immer weiter, bis alle Kinder eine Frage beantworten konnten.

Weitere Beispiele zum Fragenstellen:
Ist der Ball groß, schön, glatt, rau, rot, fest, …

ALLE KINDER HÜPFEN

VERBENSPIEL

Alter **ab 3 Jahren**

Dazu brauchen Sie **1 Handtrommel, evtl. 4 Markierungskegel**

Die Kinder verteilen sich auf einem überschaubaren Spielfeld, das Sie mithilfe von vier Markierungskegeln kennzeichnen können.
Nehmen Sie sich nun die Handtrommel und sagen zu den Kindern z. B. Folgendes:

„Alle Kinder hüpfen!“

Die Kinder dürfen nun so lange hüpfen, bis Sie einmal kräftig trommeln. Eines der Kinder, das besonders schnell gestoppt hat, darf nun eine neue Anweisung geben, z. B.:

„Alle Kinder krabbeln auf allen Vieren!“

Diese Bewegungsart wird dann wieder so lange ausgeführt, bis ein kräftiger Trommelschlag erfolgt. Das Kind, das zuerst wieder auf den Beinen ist, darf jetzt aussuchen, was als Nächstes gemacht wird.
Auf diese Weise können die Kinder noch viele verschiedene Bewegungsarten ausprobieren und kennenlernen.

ICH HÜPFE UND ...

SATZBAUSPIEL

Alter ab 5 Jahren

Alle Kinder stehen gemeinsam im Kreis. Ein beliebiges Kind beginnt und hüpft auf der Stelle in die Luft. Dabei sagt es laut:

„Ich hüpfe!"

Nun deutet es auf ein anderes Kind, das z. B. die Hände in die Hüfte stemmt und sich um die eigene Achse dreht. Das Kind wiederholt das, was das Kind gesagt hat, und ergänzt den Satz, indem es passend dazu sagt:

„Ich hüpfe und tanze!"

Im Anschluss daran fängt ein anderes Kind eine neue Spielrunde an, indem es auf der Stelle läuft und dabei sagt:

„Ich laufe!"

Danach deutet es auf ein weiteres Kind, das z. B. seine Hände zu Fäusten ballt und so tut, als ob es boxen würde. Das Kind wiederholt das, was das vorherige Kind gesagt hat, und fügt genauso hinzu:

„Ich laufe und boxe!"

Auf diese Weise können weitere Sätze gebaut werden.

WER IST GROSS?

ADJEKTIVSPIEL

Alter **ab 4 Jahren**

Bilden Sie mit den Kindern einen großzügigen Stehkreis und recken und strecken Sie sich. Sagen Sie nun z. B. Folgendes:

„Wer ist groß?"

Wer sich als groß empfindet, darf sich nun ebenfalls recken und strecken und dabei laut „Ich bin groß!" sagen.

Danach stellen Sie eine neue Frage. Spannen Sie dafür etwa Ihre Armmuskeln an und sagen passend dazu:

„Wer ist stark?"

Alle Kinder, die glauben, stark zu sein, tun es ihnen gleich und sagen dabei laut „Ich bin stark!". Das Spiel zum Kennenlernen von Eigenschaftswörtern endet nach ein paar Durchgängen.

Weitere Beispiele: Müde, klug, schnell, lustig, sportlich, …

RATE MAL, WAS ICH SCHON KANN

VERBENSPIEL

Alter **ab 5 Jahren**

Dazu brauchen Sie **evtl. 4 Markierungskegel**

Alle Kinder bis auf eines stehen auf dem Spielfeldrand, das sie zuvor mithilfe von vier Markierungskegeln kennzeichnen können. Das übrige Kind stellt sich in die Mitte des Spielfelds und sagt:

„Ratet mal, was ich schon kann!"

Daraufhin kann das Kind z. B. mit seinen Armen Schwimmbewegungen machen. Sobald ein Kind richtig errät, was vorgemacht wurde, dürfen alle versuchen, das Kind in der Mitte zu fangen. Wurde das Kind von einem anderen auf dem Spielfeld gefangen, dann darf der erfolgreiche Fänger oder die erfolgreiche Fängerin eine neue Spielrunde starten. Konnte das Kind

jedoch entwischen, indem es ihm gelungen ist, das Spielfeld zu verlassen, darf es eine weitere Fähigkeit vorführen und die Runde startet erneut.
Das Ratespiel kann so ganz nach Belieben fortgesetzt werden.

WIR BILDEN SÄTZE

SATZBAUSPIEL

Alter **ab 5 Jahren**

Dazu brauchen Sie **1 Gymnastikreifen**

Die Kinder sitzen mit Ihnen in einem Stuhlkreis. Führen Sie sie zunächst durch das folgende Fingerspiel:

„Der Erste sagt: ‚Ich …‘
Eine Faust bilden und den Daumen ausstrecken

Der Zweite sagt: ‚Ich gehe …‘
Daumen und Zeigefinger ausstrecken

Der Dritte sagt: ‚Ich gehe in …‘
Daumen, Zeige- und Mittelfinger ausstrecken

Der Vierte sagt: ‚Ich gehe in den …‘
Daumen, Zeige-, Mittel- und Ringfinger ausstrecken

Der Fünfte sagt: ‚Ich gehe in den Kindergarten!‘
Alle fünf Finger ausstrecken

Ein Satz besteht aus Wörtern und nicht mehr.
Kannst du Sätze bilden?
Kinder rufen ‚JA!‘

Das freut mich sehr!“

Ein Kind, das einen neuen Satz sagen möchte, erhält den Gymnastikreifen und stellt diesen senkrecht auf den Boden. Konnte das Kind den Satz grammatikalisch richtig formulieren, darf es den Reifen in eine Drehbewegung versetzen und ihn loslassen. Es ruft dann rasch ein anderes Kind auf, das in den Reifen springen darf, bevor dieser auf dem Boden liegen bleibt. Unabhängig davon, ob es gelingt, darf das ausgewählte Kind nun einen neuen Satz bilden, bevor es den Reifen ebenfalls dreht, loslässt und das nächste Kind aufruft.
Auf diese Weise kann das Spiel zum Sätzebilden beliebig oft weitergeführt werden.